W0284247

Claudia Diemar

Lesereise Kanarische Inseln

Claudia Diemar

Lesereise
Kanarische Inseln

Archipel der Glückseligkeiten

Picus Verlag Wien

Copyright © 2011 Picus Verlag Ges.m.b.H., Wien
Alle Rechte vorbehalten
Grafische Gestaltung: Dorothea Löcker, Wien
Umschlagabbildung: © Rainer Jahns
Druck und Verarbeitung: Remaprint, Wien
ISBN 978-3-85452-988-0

Informationen über das aktuelle Programm
des Picus Verlags und Veranstaltungen unter
www.picus.at

Inhalt

Auftakt

Vier Flugstunden liegen zwischen Novembermelancholie und subtropischer Blütenpracht vor Ozeanblau, zwischen Januarblues und immergrünen Lorbeerwäldern, zwischen verregneten Ostern und lichtgleißenden Buchten. In der Weite des Atlantiks vor Westafrika ragen die Kanaren als Archipel des »ewigen Frühlings« auf. Nur für den Fall, dass es bei »Wer wird Millionär« abgefragt werden sollte: Die Kanaren gehören wie die Azoren, die Kapverden und Madeira zu Makaronesien, dem Oberbegriff für die gesamte Großfamilie immergrüner Atlantikeilande vulkanischen Ursprungs. Der Name stammt aus dem Griechischen: Makarios heißt »gesegnet« oder »glücklich«, und Nesos bedeutet so viel wie »Insel«.

Die Meerenge von Gibraltar bildete in der Antike die Grenze der bekannten Welt. Doch schon die Phönizier sollen den Schlund mit der gefährlichen Strömung überwunden haben. Die Ureinwohner der Kanaren, die Guanchen, waren dagegen vermutlich von Nordafrika aus eingewanderte Berber. Der Römer Plinius der Ältere spricht erstmals ausdrücklich von den Insulae Fortunatae, den »glückseligen Inseln«.

Dann verliert sich die Spur. Fast ein Jahrtausend lang scheint der Archipel in Vergessenheit zu geraten. Bis ein Paukenschlag erfolgt: Im Auftrag der spanischen Krone kommen Eroberer aus Europa mit der Passatströmung. Sie unterwerfen, versklaven und morden die Ureinwohner, löschen ihre Kultur und Sprache aus. Anfang des 14. Jahrhunderts sind die Kanaren »entdeckt«. 1492 bricht Kolumbus von La Gomera aus nach Westen auf und landet in Amerika. Aus den Eilanden am Rand des Erdkreises werden Trittsteine auf dem Weg in die Neue Welt.

Atlantis, Elysium und Eldorado vermutete man stets im Westen. Millionen von Touristen aus Mittel- und Nordeuropa können also nicht irren. Alljährlich schweben sie Zugvögeln gleich in Chartermaschinen ein, auf der Flucht vor dem winterlichen Nebelgrau und der Dunkelheit, auf der Suche nach einem temporären Paradies. Vamos!

María duldet keinen Widerspruch

Nach der Landung geht's zum Kostümball – da gibt es kein Pardon!

Ich habe fast den ganzen Flug verschlafen. Als ich aufwache, ist die Maschine schon über der Landebahn. Ich ziehe das Tuch weg, das ich mir über die Augen gelegt habe, nehme die Wachskügelchen aus den Ohren. Der Flieger setzt auf und rollt aus.

Der Typ von der Autovermietung ist bester Laune. »Bienvenido al Carnaval«, meint er und gibt mir einen nagelneuen Wagen. Als ich den Flughafen verlasse, sticht mir die Sonne ins Gesicht. Der Himmel leuchtet in blankem Azur. Ich angle nach der Sonnenbrille und fädle mich auf der Autobahn Richtung Süden ein.

Die Strecke führt durch sterbenslangweilige Ödnis: wüstengelber Sand, Steinbrocken, staubbedecktes Krüppelgehölz. Möbelhäuser, Großwäschereien, Discount-Supermärkte entlang der Piste. Alles, was man braucht, um die Urlauberinsel in Gang zu halten. Dann kommen die Touristenzentren, inzwischen schon kilometerweit von der Küste entfernt. Nach Puerto Rico, dessen Hotels sich bereits bis auf die Bergflanke hinaufgeschoben haben, wird die Straße kurvig, schneidet als gewaltsam frei gesprengte Trasse durch Wände von ockergelbem Tuffstein. Dann die letzte Kurve, Endspurt auf dem schnurgeraden, gleichmäßig abfallenden Asphaltband, dem Ozean entgegen. Motor aus, Handbremse anziehen, und los geht der Urlaub.

Juán kommt mir auf den Stufen zum *hostal* mit dem Werkzeugkasten entgegen und begrüßt mich. »Wieder der Wasserkasten im Untergeschoss?«, frage ich ihn. »Sí«, bestätigt er und verdreht die Augen dabei. Ich höre María auf dem Dach wie ein Schnellfeuergewehr reden. Dann kommt sie mit einer Gruppe Schweizer Rucksacktouristen herunter, denen sie gerade die Dachterrasse als Schlafplatz vermietet hat.

Ich denke, dass María nun endgültig jedes Maß für das Machbare verliert. Für ihre elf Zimmer, von denen fünf nicht einmal über ein Fenster, sondern lediglich über Lüftungsschlitze in den Türen verfügen, hat sie ganze zwei Bäder anzubieten. Bei guter Belegung sind somit mindestens zwanzig Leute damit beschäftigt, ständig auf ein freies Bad zu lauern oder über Treppen und Terrassen zu rennen, weil die aus dem Untergeschoss nachsehen gehen, ob vielleicht das obere *baño* frei wäre oder umgekehrt.

Über all dem wacht Juán, der an der Balustrade des an höchster Stelle gelegenen Balkons der Privatwohnung lehnt und dünne kanarische Zigarren raucht. Juán steht morgens auf, zündet den ersten *puro* an, stützt die Arme auf die Brüstung und verharrt am liebsten in dieser Position, bis die Nacht fällt. Ab und zu brennt er den ausgegangenen Stumpen wieder an, betrachtet gelassen den Trubel auf der Terrasse und nickt huldvoll, wenn ihm jemand einen Gruß hinaufruft. Wenn man etwas von ihm will, antwortet er mit einem bedächtig gedehnten: »Sí!« Manchmal sagt er auch: »Sí, claro!«

»Heute ist Carnaval«, schreit María, als sie mich erspäht hat, und reißt mich in die Arme. Es folgt ein Wortschwall, dessen konturenloses Kanaren-Spanisch den Buchstaben S an den Wortenden einspart, dadurch die Sprechgeschwindigkeit erheblich steigert und die Vokale in singende Überzahl bringt.

María stürzt davon, um in der Küche eine Flasche *tinto* zu holen. Sie hat stets eine Flasche im Gästeeisschrank stehen. Ich höre sie rumoren und unter Flüchen irgendwelches Zeug auf die meterlange marmorne Arbeitsplatte knallen.

Dann kommt sie mit Wein, Zettel und dickem Filzer angefegt und gibt mir Order, eine in deutscher Sprache gehaltene Anweisung zu verfassen. Alle Gäste hätten noch verwertbare Vorräte bis zum Abend in die jeweils vorgesehenen Etagen des Gemeinschaftskühlschranks ordentlich und übersichtlich (dreimal unterstrichen) einzuräumen. Den Rest werde sie höchstpersönlich wegschmeißen.

Endlich füllt María die Gläser und stößt mit mir an. »Salud! Du wirst mit mir heute zum Carnaval gehen. Juán macht sich doch nichts daraus, du weißt ja. Den bringt man nicht von seinem Balkon herunter. Aber wir beide werden zusammen feiern und es krachen lassen.«

Ich muss lachen, deute auf meine Klamotten: »Womit denn?«

»Ich habe fünf Kostüme. Fünf!«, wiederholt María. »Alle von einer Schneiderin in Las Palmas. Eines für den großen Umzug dort, eines für die Feste in Arguineguín, eines für Venegueras, eines für den hiesigen Dorfkarneval und das letzte für San Nicolás. Du kriegst das Kostüm, das eigentlich für die Hauptstadt bestimmt ist. Dorthin fährt sowieso keiner außer mir.«

Sie trällert ein »Carnaval, te quiero«, während sie mich die Treppen zur Chefetage hinaufzieht, an Juán vorbei, der wieder Posten an der Brüstung bezogen hat und nachsichtig lächelt, als sie ihm zuzischt, sie habe inzwischen Begleitung gefunden.

Oben stülpt sie mir ein weiß-rotes Harlekinsgewand über und setzt mir eine giftgrüne Perücke auf. Dann zerrt sie ohne Hemmungen die beiden zärtlich umschlungenen Berliner Jungs aus dem Bett, denen sie das ehemalige Kinderzimmer ihrer Töchter vermietet hat, und verlangt von den beiden eine Begutachtung meiner Maskerade. Endlich darf ich das Kostüm wieder ablegen. Jedenfalls bis zum Abend. Die Dose mit der Clownschminke drückt sie mir schon mal in die Hand, für später.

Mein Zimmer ist nun fertig geputzt. Stammgästen wird eine Unterkunft in der Beletage mit richtigem Fenster zur Terrasse hin garantiert. María weiß genau, welches ich haben will. Nicht das gleich neben der Küche, wo man jedes Mal zusammenzuckt, wenn die Kühlschranktür zugeschmettert wird. Auch nicht die *habitación* direkt neben dem Bad, wo man ständig das Rauschen der Wasserspülung mitbekommt. Andererseits darf man auch nicht zu weit vom *baño* entfernt untergebracht sein, weil man sonst nicht mehr hört, wenn sich der Schlüssel im Schloss dreht, das untrügliche Signal, dass man sofort durchstarten muss, um die frei gewordene Dusche zu ergattern.

Ich nehme das Gepäck und beziehe mein Domizil. Der Fußboden glänzt noch vom Aufwischen. María folgt mir, schnappt sich die Matratze, schleppt sie hinaus und bringt ein nagelneues Exemplar. Sie zerrt die Schutzfolie runter und schmeißt das Teil triumphierend auf das Bettgestell. Treffsicher hat diese Herbergsmutter kapiert, dass das einzige, womit ihre langmütige Klientel wirklich kritisch sein kann, der Zustand des Bettes ist. Außer dem Bett gibt es im Zimmer eine Glühbirne unter der Decke, Vorhänge vor dem Fenster, den kleinen Tisch darunter und einen Schrank ohne Türen. María grinst, als sie mich ein Bündel Kleiderbügel aus der Tasche nehmen sieht. Ich packe Schwimmzeug, Sonnenmilch, Portemonnaie und ein Buch in einen Beutel und sehe zu, dass ich endlich an den Strand komme.

An der *playa* kreischen Kinder im Diskant. Sonst passiert nicht viel. Manchmal fährt eines der letzten Fischerboote hinaus, manchmal kommt eines rein. In der Bar haben sie Miles Davis aufgelegt. Die Musik dringt bis auf die sonnendurchglühte Terrasse hinaus. Ich nippe am ersten Gin Tonic dieser Ferien und schaue auf den Atlantik. Gegen Abend, als es langsam kühler wird, gehe ich die paar Schritte zum Strand hinüber. Ich kraule ein Stück hinaus, gucke mir die Küste vom Wasser aus an. Dann schwimme ich auf dem Rücken und schaue in den mit Rosenrot überhauchten Abendhimmel.

Auf dem Heimweg treffe ich María, die mit

zwei Einkaufstaschen unterwegs ist. Außerdem hat sie eine große Tüte Seehecht von den Fischern geschnorrt. Sie erinnert mich daran, dass ich sie abends zum Tanz rund um den Pool des Luxushotels zu begleiten habe. Vorher aber würde die Pension von ihr persönlich bekocht.

Wir sind beim *hostal* angekommen. María bringt ein Kofferradio in die Gästeküche. Sie tanzt sich allmählich warm, während sie Gemüse und Fisch im sprudelnden Öl wendet. Das Radio spielt Samba. Die anderen Gäste stehen an die Wand gelehnt, wippen mit den Füßen und halten ein Glas Wein in der Hand. Jemand schiebt die Tische auf der Terrasse zusammen, bringt Teller und Besteck. Juán steigt vom Balkon der Chefetage herunter, als das Essen fertig ist. Wir träufeln Zitrone auf den knusprig gebackenen Fisch und die Auberginen und essen frisches Weißbrot dazu.

Irgendwer schreit plötzlich etwas von einer Maus. Juán, der schon wieder eine Zigarre im Mund hat, schmeißt den Stummel weg und macht sich mit Schwiegersohn Jorge auf die Jagd. Während wir in Zeitlupe am Fisch kauen, hetzt die Maus an der Brüstung hin und her. Statt sich einfach zwischen den Streben hinunter in die Blumenrabatte fallen zu lassen, rast sie direkt unter Juáns Schuhsohle. Es knirscht, als er die Maus zertritt. »Salud!«, ruft María in die betretene Stille hinein. Irgendjemand redet vom Sternenhimmel. Alle legen den Kopf in den Nacken und mustern das Firmament.

María hebt die Tafel auf und gibt kund, nun sei es Zeit, zum Mummenschanz aufzubrechen. Sie nimmt mich mit in ihr Schlafzimmer. Die ganze Familie schaut zu, wie ich in einen Bajazzo verwandelt werde. María selbst trägt ein Kostüm aus giftgrünem und orangem Satin, ihr hüftlanger Haarschopf ist aus flammend roten Wollfäden. Auf dem Kopf hat sie einen spitzen Hut, über der Augenpartie eine Maske. Ihr grell orange gemalter Mund reicht von einem Ohr zum anderen.

Wir schleichen oberhalb der Häuser an der Bergflanke entlang. Niemand darf uns sehen, niemand wissen, wer wir sind. María zischt es mir auf dem Weg noch mehrmals zu. Kein Wort spricht sie an diesem Abend. Dafür schlägt sie den jungen Burschen, die sich vorzugsweise als Carmen oder schwarze Witwe verkleiden, auf den Hintern oder grapscht nach ihren ausgestopften Brüsten. Auf dem Sportplatz findet der große Kostümball der Dorfbewohner statt.

Aber María will zum Tanz ins Hotel, wo eine richtige Kapelle spielt. Ein paar andere Einheimische sind ebenfalls dort. Deshalb bleibt María wortlos, verteidigt ihre Perücke und ihre Maske mit stummer Brachialgewalt gegen räuberische Übergriffe. Neben solchen Scharmützeln tanzen wir Samba um den Pool. Die Touristen freuen sich, dass sie erleben dürfen, wie die Canarios ihren *carnaval* feiern. Manchmal schnappen wir uns ein gerade serviertes Sektglas von einem der Tische. Die Leute lachen und lassen uns gewähren. Sie denken, das sei wohl im *carnaval* so üblich.

Erst auf dem Heimweg fängt María wieder zu reden an. Vielleicht sollte sie neben der Pension noch ein Eiscafé oder eine Kneipe aufmachen. Juán muss eben einfach anbauen. Wofür hat er seinen Werkzeugkasten? Ich lege die Finger auf die Lippen, als uns jemand entgegen kommt, und Marías wortreiche Zukunftsfantasien ersterben. Einen Augenblick überlege ich, ob ich mich das nächste Mal nicht besser bei Lucrecia einmieten soll. »Morgen feiern wir in San Nicolás weiter«, entscheidet María, als wir noch einen Brandy trinken. Es ist niemand mehr auf der Terrasse. Im unteren Bad ist erneut der Spülkasten defekt. Es klingt wie ein entfernter Wasserfall.

»Eigentlich ist Juán ein Hippie, lebt einfach in den Tag hinein«, meint María, bevor sie austrinkt. Ich bleibe noch eine Weile und sehe nach der funkelnden Milchstraße. Dann gehe ich mich abschminken.

Don Atún in tiefer Trauer

Aber gefeiert wird beinahe wie in Rio. Der kanarische Karneval

Die Szene könnte von Surrealisten erdacht sein: Grell geschminkte schwarze Witwen in Netzstrümpfen stoßen markerschütternde Klageschreie aus. Heulen und Zähneklappern allenthalben. Dann geht ein überdimensionaler Papierfisch in Flammen auf. Das Drahtgestell, über das seine Haut gespannt war, ist mit Feuerwerkskörpern gespickt. Jetzt haucht das maritime Monster mit einem ohrenbetäubenden Stakkato von Chinaböllern, Krachern und Raketen sein Leben aus.

Die »Beerdigung der Sardine« gilt als Höhepunkt des *carnaval*. Sie fällt zumeist auf den Aschermittwoch, ist aber beileibe nicht der endgültige Abschluss des närrischen Treibens. Täuschend echt erscheinen großformatige Todesanzeigen: »Doña Sardina, die Schuppigste der Schuppigen, ist von uns gegangen, nachdem sie Neptun Rechenschaft über all ihre ozeanischen Orgien abgelegt hat. Sie Ruhe in Frieden. In tiefer Trauer: Doña Makrele und Don Thunfisch in Öl …«

Die im Schmerz wogenden Busen der Klageweiber sind fast durchweg unecht. Die meisten »Witwen« sind nämlich junge Burschen, die in femininer Verkleidung mit Stöckelschuhen in Übergröße einherschlingern. Die Stilettos müssen eingelaufen sein, gilt es doch auch, darin den »Männliche Marathon auf hochhackige Schuhe« – wie die deutsche Übersetzung des Festprogramms sich ausdrückt – über das bucklige Kopfsteinpflaster der Altstadt von Puerto de la Cruz zu bewältigen. Zwei Wochen dauert *el carnaval* auf Teneriffa mindestens, von der Wahl der Kinderkönigin bis zu den Umzügen in den beiden Inselgroßstädten und diversen Sardinen-Bestattungen. Noch Tage danach finden Spektakel in kleineren Orten statt.

Vom spanischen Festland aus wurde der Karneval Anfang des 19. Jahrhunderts auf die Kanarischen Inseln exportiert, wo das örtliche Bürgertum ihn gerne als Abwechslung im eher eintönigen Gesellschaftsleben annahm. Man schreckte auch vor derben Späßen nicht zurück. Marodierende Frauenbanden versuchten, den Caballeros glühende Scheite unter den Mantel zu schieben. Aus Galicien wurde der Brauch übernommen, sich über und über mit Mehl oder Puder zu bestäuben, bis selbst das Straßenpflaster zur kaum noch passierbaren, glitschigen Piste wird. Heutzutage ist allerdings nur noch auf der Insel La Palma der Babypuder zur Karnevalszeit restlos ausverkauft.

Aus der Neuen Welt, sprich den spanischen Kolonien, brachten reich gewordene Rückkehrer andere Bräuche auf die Insel. Zu Beginn des 20. Jahrhunderts fanden in den Hafenstädten bereits große Umzüge mit geschmückten Wagen statt.

Franco ließ den Karneval in ganz Spanien verbieten. Diktatoren schätzen weder Camouflage noch Ausschweifung. Nur auf den isoliert gelegenen Kanaren gingen unter dem neuen Namen *fiestas de invierno* die »Winterfeste« weiter. Mit der Demokratisierung und den zunehmenden Einnahmen aus dem Tourismus lebte nach Francos Tod der Karneval auf den Kanaren wieder auf. Immer prunkvoller und teurer wurden die Umzüge und Dekorationen, immer ausgefallener die Kostüme der Königinnen, deren Glanz kein männliches Pendant duldet. Kein Lokalpolitiker kann heute *el carnaval* ignorieren. Wer das närrische Treiben in welcher Höhe gefördert und gesponsert hat, wer seinem Heimatdorf zu spektakulären Inszenierungen verhalf – daran misst das Volk nicht zuletzt seine Kandidaten. Beinahe wie in Rio. Sambaschulen gibt es längst auch auf den Kanaren. Kein Wunder, rühmt sich doch Teneriffa, den zweitgrößten Karneval der Welt nach Rio de Janeiro auszurichten. Viele Einheimische geben ein Vermögen für die Verkleidung aus. Die Kostüme der Königinnen können bis zu sechzig Kilo wiegen und werden von versteckten Gestellen gestützt. Meterhoch wogt zuweilen der schwere Kopfputz. Wehe, wenn er sich in Lichterketten verfängt oder wenn, wie vor Jahren, eine quicklebendige Maus durch die Unterröcke der Königin turnt. Als ob ihre närrische Hoheit nicht schon genug Strapazen auszuhalten hätte …

Längst ist der Karneval zu einem Wirtschaftsfaktor geworden, und das nicht nur für die Hersteller von Theaterschminke, Tüll und Pailletten. Der Touristikbranche ist es recht, denn Zehntausende kommen alljährlich, um hier Fasching ohne Frost zu feiern. Funkenmariechen und Fastnachtsprinz treffen auf exotische Archetypen. Antillenschönheiten sind mit Schminke auf Schokobraun getrimmt. Elegante Paare im Stil der Belle Epoque, die Herren im weißen Tropenanzug, die Damen mit Sonnenschirmchen, stehen für die »Indianos«, die einst schwerreich aus den Kolonien zurückkehrten. Klassiker wie Vampire, Harlekine und Bajazzos sind ohnehin Legion. Die Travestie steht vor allem bei der Männerwelt hoch im Kurs. Natürlich fließt der Alkohol in Strömen. Aber vor allem wird getanzt, und das bis zur totalen Erschöpfung. Beinahe wie in Rio.

Die schöne Verwüstung

Fuerteventura ist eine Insel, die man entweder liebt oder hasst. Es gibt nichts dazwischen. Plädoyer für eine Zuneigung

Wie ein betrunkener Seemann torkelt die »Celia Cruz« durch die poolblauen Wellen. Die Meerenge zwischen Lanzarote und Fuerteventura ist für ihre gewaltige Dünung bekannt. Als Matrose an Bord des Ausflugsschiffs fährt ausgerechnet ein Schweizer mit. Bruno Geisenhof lebt seit siebzehn Jahren auf Fuerteventura und er erinnert sich noch gut an seinen ersten Eindruck von der Insel. »Als ich die Landschaft vom Fenster des Flugzeugs aus sah, dachte ich nur: Mein Gott, wo bin ich da gelandet. Hier gibt es ja keinerlei Grün.« Die Fahrt vom Flughafen in die Hauptstadt Puerto del Rosario machte die Sache nicht besser: »Es war einfach alles hässlich. Die staubige Erde, die Häuser, die schmuddeligen Ränder der Stadt.«

Als Geisenhof in Puerto del Rosario ankam, hatte die Stadt eine der höchsten Kriminalitätsraten der Welt. Drogen und Prostitution waren an jeder Straßenecke zu finden. Verantwortlich dafür waren Tausende von Fremdenlegionären, die hierher verlegt worden waren, nachdem Spanien die Westsahara geräumt hatte. Bevor sie 1996 zur Erleichterung der Bevölkerung endgültig abgezogen wurden, herrschten die Legionäre gut zehn Jahre lang nach Landsknechtsart im »Hafen des Rosenkranzes«, wie die Inselhauptstadt sich seit 1956 nennt.

Zuvor hieß sie Puerto de Cabras. In diesem »Ziegenhafen« landete am 10. März 1924 der vom Diktator Primo de Rivera in die kanarische Wüste verbannte Universitätsprofessor und Schriftsteller Miguel de Unamuno. Da er zur Prominenz der spanischen Intellektuellen zählte, wurde Unamuno standesgemäß in der damals einzigen Herberge der Insel untergebracht, dem Hotel Fuerteventura, wo er eine Zimmerflucht mit eigenem Bad bezog. Genau wie der Schweizer Matrose war auch Unamuno von Fuerteventura zunächst alles andere als angetan. »Wie ein Skelett, das auf dem Meer treibt« erschien ihm die Insel. Um diesem Eiland einen Reiz abzugewinnen, müsse man »in einem Totenschädel einen schönen Kopf erkennen können«.

Doch dann geschieht etwas Eigentümliches. Unamuno wird vom »Fuerte-Virus« erfasst, jener Liebe auf den zweiten Blick, die Reisende noch heute in den Bann schlägt. Der Literat findet auf dem Wüsteneiland nie gekannte innere Ruhe, die einen Schaffensrausch freisetzt. Unamuno schreibt täglich, ohne Unterlass, Seite um Seite, produktiv wie niemals zuvor. »Fern der Zeit und ihrer grausamen Zumutungen« fühlt er sich plötzlich. Was als Strafe gedacht war, erweist sich als persönlicher Gewinn. Das Leben ist ein einziger Urlaub: »Morgens werde ich, einem Neugeborenen gleich, von der Sonne auf die Stirn geküsst, kaum dass sie dem Meer entstiegen ist.«

Die Sonne ist Fuerteventuras stärkstes Kapital. Dreitausend Stunden im Jahr brennt sie vom Himmel. Hunderttausende von Touristen wollen von ihr alljährlich geküsst werden wie einst Unamuno. Für das Versprechen dieser zuverlässigen westafrikanischen Sonne nehmen die Urlauber den ewigen Wind und die skelettöse Dürre der Insel ebenso hin wie die Steinwüsten riesiger Hotelanlagen und Appartementkomplexe.

»Verbrannter Berg« lautet die Übersetzung des Namens der Montaña Quemada, an deren Flanke sich ein grottenhässliches Monument für Unamuno findet. »Vulkanruine, die du dieser Berg bist, so abgemagert durch den Durst, dass selbst die Trostlosigkeit (davor) in Stummheit versinkt«, kommentierte Unamuno das Konglomerat aus porösem Gestein und staubiger Erde. Unamuno, der erste Langzeiturlauber auf Fuerteventura, erlebte die Insel bereits so abgezehrt, wie es auch heutige Reisende tun.

Aber Fuerteventura soll einmal ganz anders ausgesehen haben. Die Geschichte der Ureinwohner liegt weitgehend im Dunkeln. Schriftliche Zeugnisse haben sie nicht hinterlassen, wohl aber Petroglyphen in Form menschlicher Füße am Monte Tindaya. Die Phönizier nannten Fuerteventura »Purpurinsel«, denn hier fanden sie ein kostbares Handelsgut: die Färberflechte Orchilla, mit der sich Stoffe in ein sattes Rot tönen ließen. Wirklich »entdeckt«, also von fremder Macht angeeignet, wird die Insel erst zu Beginn des 15. Jahrhunderts durch die Konquistadoren. Im Auftrag der spanischen Krone erobert der normannische Adlige Jean de Béthencourt die Schwesterinseln Lanzarote und Fuerteventura. Zur Entourage der Besatzer gehören auch schriftkundige Geistliche, die penibel protokollieren, wie das bislang unbekannte Terrain aussieht. Die Chronisten berichten von hoch aufragenden Palmenhainen, von fruchtbaren Feldern, von guten Quellen und breiten Flüssen. Erst mit dem Abholzen großer Bäume, mit der Überweidung durch Tausende von Ziegen beginnt der unaufhaltsame Prozess der Desertifikation. Zweiundvierzig Prozent der Landfläche des kanarischen Archipels ist von Verkarstung akut bedroht. Fuerteventura aber ist zu sechzig Prozent von dieser Verwüstung gezeichnet.

»Fuerteventura ist ein typisches Beispiel für eine von Menschen gemachte Desertifikation«, sagt Andreas Caliman, ein Deutscher, der seit sechzehn Jahren auf der Insel lebt. Der ehemalige Journalist bringt als »Fuertescout« interessierte Reisende in Kontakt mit der Natur der Insel. Man sieht ihre Wunder nicht beim flüchtigen Blick aus dem Autofenster. Man muss anhalten, aussteigen, zu Fuß gehen. Dann entdeckt man den seidenhaarigen Goldstern, die Jandía-Wolfsmilch, das Tausendblatt – allesamt Überlebenskünstler in der Wüste.

Das Wunderkraut schlechthin unter der Inselflora ist die Kristallmittagsblume, die sich als Bodendecker in den sandigen Untergrund krallt. Betrachtet man sie aus der Nähe, so wirken ihre bis zum Platzen mit Wasser angefüllten Zellen wie glitzernde Juwelen. »Eiskraut« wird die Pflanze wegen der schimmernd-kristallinen Zellstruktur auch genannt. Ein Zweiglein davon kann tagelang unbeschadet unter stechender Sonne im Auto liegen. Die Pflanze atmet nur in der Kühle der Nacht. Sie lagert zudem Salz ein, um damit Wasser an sich zu binden. Wochen dauert es daher, bis ein abgebrochener Trieb welkt. Die Einheimischen nennen die Kristallmittagsblume *barilla*. In vorindustrieller Zeit diente sie als natürliches »Sodakraut« zum Seifensieden und als Katalysator in der Glasherstellung. Für kurze Zeit war das Kraut ein Exportschlager der Insel, brachte Wohlstand zu den *majoreros*, wie Leute von Fuerteventura genannt werden. Mesembryanthemum crystallinum könnte nun eine neue Karriere bevorstehen, da der Extrakt aus den Pflanzen als Heilmittel bei Hautkrankheiten wahre Wunder wirkt. Vor allem aber ist die Glitzerblume eine Schönheit. Wenn im Frühjahr die Sonne zu brennen beginnt, errötet die Pflanze und überzieht die karstigen Hänge der Insel mit purpurnem Kleid.

Ockergelb, orange, goldrosa und kamelbraun leuchtet das karge Land im Abendlicht. Blendend hell schimmert der Sand von El Jable, der Dünenlandschaft bei Corralejo, dieser Sahara der Kanarischen Inseln. In Wirklichkeit hat das Naturwunder nichts mit der großen Wüste des nahen afrikanischen Kontinents gemein. Der Sand besteht aus den Resten von Korallen, Muscheln und den Panzern von allerlei Meeresgetier. Maritimes Material, das von der Urgewalt des Ozeans in winzige Partikel zermahlen und an Land geworfen wurde. Der Wind fegt die feinen Kristalle als silberweiße Schleier über die Küstenstraße. »Wenn die Kanaren glückliche Inseln genannt werden, so ist Fuerteventura die glücklichste von allen«, notierte Unamuno, als er seinen Frieden mit der Insel gemacht hatte.

Man muss sich also bei der Ankunft mit Unamunos Versprechungen wappnen, sobald die Maschine ausrollt. So lässt sich alles Hässliche und Banale rund um den Flughafen und Puerto del Rosario ertragen. Spätestens wenn die Sonne sinkt und mit letzten schrägen Strahlen die kargen Berge glühen lässt, ist man versöhnt mit dem einstigen Verbannungsort, verzaubert von der absurden Schönheit dieser Wüste in Schminkfarben.

Am Morgen danach muss man ganz früh im grellen Türkis der Lagunen von El Cotillo baden, dann zum nahen Leuchtturm fahren, die kleinen Buchten der rauen Küste abwandern. Schwarze Basaltbrocken buckeln zwischen cremeweißem Sand unter gletscherblauem Wasser. Treibgut muss man sammeln, wie ein Kind, sich die Taschen damit vollstopfen und alles vergessen, was einen gestern noch aufrieb. Dann tritt der Fuerte-Effekt ein. »Welche Schule der Ruhe, welches Sanatorium, welcher Quell der Stille«, staunte schon Unamuno über das Ausmaß an beglückter Selbstzufriedenheit dieser asketischen Insel.

Irgendwann wird man sogar nach Puerto del Rosario fahren, dieses Kaff von einer Inselhauptstadt. Wenigstens dem Unamuno-Museum im einstigen Hotel Fuerteventura sollte man einen Besuch abstatten. Auf dem Schreibtisch liegt noch eine Postkarte an Freunde, mit schwungvollen Schriftzügen verfasst: »Niemals werde ich die hiesigen Tertullias vergessen!« Gemeint sind die anregenden Gesprächskreise, die Unamuno mit einheimischen Vertretern des aufgeklärten Bürgertums unterhielt. Nur acht Tage später, am 9. Juli 1924 setzt sich der Verbannte mit Hilfe von Freunden von der Insel ab und geht nach Paris ins Exil. Die Freiheit zählte am Ende doch mehr als der Kuss der Morgensonne. Wie sehr sich die Wüsteninsel in sein Herz gebrannt hatte, merkte Unamuno erst aus der Distanz. »De Fuerteventura à Paris« heißt das literarische Protokoll seiner Zuneigung.

»Für mich war Fuerteventura eine einzige Oase, eine Oase, in der mein Geist vom lebendigen Wasser trank und die ich erfrischt und gekräftigt verließ, um meine Reise durch die Wüste der Zivilisation fortzusetzen.«

Grillenzirpen im Beton

An der Playa de las Américas im Süden Teneriffas

Conchita ist sieben und sitzt hoch zu Ross. Sie schaut nach Westen, wo der Himmel verglüht, und schiebt den Kaugummi von einer Backe in die andere. Sie hat Zeit. Vor Mitternacht kommt sie hier sowieso nicht weg. Ihr Pferd ist mitten im Sprung erstarrt. Wenn eines der Urlauberkinder mit einer Münze in der Hand kommt, steigt sie ab und lehnt neben dem Eingang der Spielhölle, die ihren Eltern gehört. Drinnen rasseln einarmige Banditen, virtuelle Rennwagen kreischen und ein Raumfahrzeug schlingert heulend über imaginären Mondkratern. Manchmal, wenn eines der Touristenkinder die Lust am metallischen Wiehern und den bockigen Bewegungen des Plastikgauls verliert, reitet Conchita die Etappe zu Ende. Wichtig ist nur, dass sie vor der Tür bleibt, falls eine Polizeikontrolle kommt.

Wir hatten keine Illusionen bezüglich Teneriffas Süden. Wir wollten schlicht dem trüben Wetter entfliehen und unserer dreijährigen Tochter zuliebe an sicheren und sonnigen Stränden urlauben. Es gab da eine plötzliche Lücke im Terminkalender, die Entscheidung musste schnell fallen. Wir buchten Flug und Appartement mit hundert Prozent Kinderermäßigung in Playa de las Américas.

Eigentlich gibt es nichts zu meckern. Das Appartement ist adrett, auf der Baustelle gegenüber ruhen wundersamerweise die Arbeiten, und der Strand wird täglich gereinigt. Unser Kind findet das Meer zu kalt zum Baden und den feinen schwarzen Sand zu pappig zum Kuchenbacken. Das Mistzeug bleibt in den Förmchen kleben. Die Tochter ist mitten in der Trotzphase und wirft sich bei der kleinsten Unstimmigkeit schreiend zu Boden. Der Familienvater ist keine Hilfe bei der Zähmung der kleinen Bestie. Er kann sich kaum bewegen, weil er in einem Anfall von Sportsgeist am ersten Tag in den eiskalten Pool gesprungen ist und nun unter Hexenschuss leidet. Er liegt jammernd im Liegestuhl und lässt sich die Zeitung holen. Die Tochter dagegen muss man mit »Ampel-Eis« gnädig stimmen. Ampel-Eis ist ein knallig rot-gelb-grünes einheimisches Giftprodukt, dessen Flecken nicht zu entfernen sind. Das Kind lutscht ein Gifteis nach dem anderen und schaut verdrossen unter dem Sonnenhut Richtung Ozean, auf dem die Motoren der Wassermopeds hysterisch kreischen. Das Kind will nicht spielen. Es weicht uns nicht von der Seite, weil es ebenso wie wir von der Furcht beherrscht wird, es könnte auf dem dicht mit Menschen bepackten Strand in null Komma nichts verloren gehen. Claude Lévi-Strauss sieht in der demografischen Explosion der Gattung Mensch die größte Gefahr für den Planeten Erde, lesen wir. Hier an der Playa de las Américas will das sofort einleuchten.

Das Meer ist mittels Wellenbrechern domestiziert, die die künstlich aufgeschütteten Buchten wie riesige steinerne Zangen umgreifen und dem

Blick zum Horizont nur eine schmale Lücke lassen. Auf dem Wasser treibt ein feiner Film von tausendfach geschmiertem Sonnenschutz. Wenn man hinausschwimmt und auf die Küste zurückschaut, sehen die Hotelanlagen, die sich die Hänge hinauf schichten, wie ein monströses Amphitheater aus. Vereinzelt ragen die Hochhaustürme der touristischen Pionierjahre in den blauen Himmel. Die späteren Projekte mit ihren Südwestbalkonen reklamieren einen sogenannt landestypischen Stil, der von nordafrikanisch anmutenden Kuppelbauten über griechisch inspirierte Monumentalportale bis zum Zuckerbäckerstil Gott weiß welcher Prägung reicht. Manchmal sehen die Komplexe tatsächlich irgendwie spanisch aus, vergrößertes Abbild der kleinen Porzellankaten mit den aufgemalten roten Ziegeldächern und den vorspringenden Holzbalkonen, die in jedem Souvenirladen als putziges Mitbringsel ausgestellt sind.

In der Zeitung steht wieder einmal, dass die Ozonschicht unaufhaltsam dünner wird und die Hautkrebsrate weiter steigt. Einen Augenblick stellt man sich vor, was passierte, wenn das Sonnenlicht zur alles versengenden Gefahr geriete, das gewaltige Steingewürfel der Urlauberburgen plötzlich aufgegeben wäre, riesige Ruinen dann, wie verlassene Inkastädte etwa.

Im Supermarkt sucht man vergeblich nach frischen Nahrungsmitteln. Die meiste Fläche ist für Zigaretten, Spirituosen und Strandlaken verwendet. Es gibt kein Stück losen Käse oder frisches Gemüse, dafür aber fünferlei Sorten deutsche Doseneintöpfe und englische Baked-Beans-Büchsen. Der Schinken ist vakuumverpackt, die Äpfel sind eingeschweißt. Es riecht hygienisch rein nach Chlordesinfektion.

Die Speisekarten der zahllosen Kneipen teilen sich analphabetisch mit. Bunte Bilder von Frittenbergen, mal neben Würstchen, mal neben Fischfilets gehäuft, überall gleich. Der Geheimtipp im Hinterland, den mehrere »alternative« Reiseführer nennen, erweist sich als eine Abspeise, in der auf verschmierten Tischen in Paprika gewälzte, öltriefende Hühner serviert werden. Ihre Originalität erschöpft sich darin, ebenso rotbraun zu leuchten wie der Teint der sonnenverbrannten Gäste.

Abends kaufen wir neue Zeitungen und Ampel-Eis. Dann sitzen wir an der Promenade und gucken Leute. Die Engländer stecken auch dann in Shorts, wenn ein Sturmtief naht. Die Deutschen sind entweder halb nackt oder wie Bergsteiger ausgerüstet. Die älteren italienischen Damen tragen Häkelpullover und üppigen Schmuck wie daheim am heiligen Sonntag. Töchterchen ist entzückt von den streunenden Rudeln freundlicher Straßenköter, die von den Feriengästen satt gefüttert werden und darum nur ein Leben auf der Sonnenseite kennen.

Wenn es dunkel wird, entbrennt in den Kneipen und Discos ein gnadenloser Kampf in Phonstärken um die Gunst das Publikums. Grellbunt zucken die Neonreklamen im Takt. Conchita gähnt und starrt hinaus auf das dunkle Meer, auf dem die Positionslampen der letzten Fischerboote im Auf und Ab der Wellen wie Irrlichter blinken. Aus der Ferne, wenn man die lange Gerade der Landstraße von Adeje herunterfährt und die Nacht ihren samtenen Mantel über die Bucht geworfen hat, funkeln die Lichter von Playa de las Américas wie Gold. Als wir in der lauen Nacht auf der Terrasse noch ein Glas Wein trinken, hören wir eine einzelne Grille zirpen.

Bananen, Gambas und das atlantische Gefühl

Von Glücksrittern, Auswanderern und hummerroten Fremden

Es gibt Orte auf der Welt, da wünscht man sich, dass die Zeit anhalten wollte und man so sitzen bleiben könnte für immer und ewig. Ein solcher Ort ist die Plaza von Los Llanos de Aridane auf der Insel La Palma. Vor dem Portal der Kirche weitet sich ein glatt gepflasterter Platz, der von riesigen Lorbeerbäumen überkrönt wird. Kinder radeln, spielen Fangen und Fußball. Ein paar alte Männer sitzen mit der Zeitung in der Sonne. Im Café unter der Pergola werden *tapas* serviert. Gegenüber liegt das Postamt, wo man die eben geschriebenen Postkarten frankieren lassen kann. Wer aufpasst und den *palmeros* vor sich in der Schlange über die Schulter schaut, lernt zweierlei: Erstens hat man Zeit und zweitens geht der Blick nach Westen. Von dort kommen die Stürme, dort ist die Sehnsucht und die Verwandtschaft. Noch heute gehen viele Briefe über den großen Teich, vor allem nach Venezuela, wohin die Vorfahren einst auswanderten.

Die Kanaren waren nie ein Eldorado. Sie sind an Bodenschätzen arm und kein Terrain für Goldgräber. In ihrer Wirtschaftsgeschichte seit der »Entdeckung« durch die Europäer wechseln sich Boom und Bankrott, Aufstieg und Fall in rascher Folge ab. Man ließ nichts unversucht, um seine Fortune zu machen, handelte mit Menschen und mit Zuckerrohr, mit Seide, Tabak, Wein und Läusen. Die Lage zwischen Alter und Neuer Welt war dabei Segen und Fluch zugleich. Der »Vorrat« an Ureinwohnern, die man als Arbeitskräfte verschachern konnte, war bald aufgebraucht und Afrika hatte weit mehr an Menschenmaterial zu bieten. Der Zuckerrohr-Boom fand ein Ende, weil es nicht genug Holz für die Verarbeitung auf den Inseln gab und die Kolonien in der Karibik auf riesigen Plantagen viel günstiger produzieren konnten. Der Anbau der Malvasier-Traube für das Modegetränke der besseren Kreise in England und Frankreich endete mit der Vernichtung sämtlicher Weinkulturen durch die Reblaus. Um 1830 führte man die aus Mexiko stammende Cochenille-Laus ein, die genügsam auf den wie Unkraut gedeihenden Löffelkakteen lebte und einen hochbegehrten karmesinroten Farbstoff lieferte. Mit der Entwicklung der synthetisch hergestellten Anilinfarben war auch dieser Boom nach exakt einem halben Jahrhundert vorbei. Keine Dame von Welt färbte sich mehr die Lippen mit Läuseblut.

Wann immer die Inseln in eine wirtschaftliche Krise gerieten, wanderte die darbende Bevölkerung nach Westen aus. Manche machten ein Vermögen in der Ferne, kehrten als reiche »Indianos« aus der Karibik und Südamerika zurück, bauten sich prächtige Anwesen und entwickelten mit englischen Entrepreneuren eine neue Geschäftsidee: ausgerechnet Bananen! Die kanarische Zwergbanane ist ein aromatisches Früchtchen. Dünnhäutiger und kleiner als die Konkurrenz aus Mittelamerika, spielt sie allerdings auf dem Weltmarkt keine große Rolle. Auf den regenarmen Kanaren müssen die Plantagen zudem intensiv bewässert werden, was den Grundwasserspiegel etwa auf Teneriffa dramatisch abfallen ließ. Um die Verdunstung in Grenzen zu halten, werden die Plantagen inzwischen an vielen Orten großflächig mit Kunststoffplanen überdeckt. Aus der grünen Insel La Palma ist so in Teilen ein milchig-weißes Eiland geworden, eine Landschaft unter Plastik, die ausschaut, als habe sich ein größenwahnsinniger Verpackungskünstler austoben dürfen. Noch schultern die Männer mit den Macheten und den vom nicht auswaschbaren Pflanzensaft dunkel gesprenkelten Arbeitskleidern weiterhin die Stauden. Doch über Wasser gehalten wird der Bananenanbau auf den Kanaren nur mit Subventionen und Schutzzöllen.

Seit Spanien die Westsahara mit den davor liegenden ergiebigen Fanggründen verloren hat, spielt auch der Fischfang nur noch für den lokalen Bedarf eine Rolle.

Bleiben also die *gambas,* wie die Touristen ob ihrer von der Sonne hummerrot gebrannten Haut gern von den Einheimischen genannt werden. Der Dienstleistungssektor, in erster Linie der Fremdenverkehr, erwirtschaftet rund achtzig Prozent des kanarischen Bruttosozialprodukts. Solange die Urlauber kommen, muss man nicht mehr auswandern. Manche Gäste wandern sogar ein, um hier das Alter zu verbringen, der ewigen Frühlingsgefühle halber.

Spanien, das ist die »Halbinsel«, sehr weit weg und gern geschmäht. Spanien, das fügt sich mit seinen Gestaden vor allem ans Mittelmeer, hier aber herrscht der Ozean mit atlantischen Allüren. Wer sich darauf einlässt, spürt ein Amalgam aus salzsprühender Gischt, Möwenschrei und Fischgeruch, Kargheit und Kalktünche. Eine Mischung aus Sonnenglast und Melancholie.

Die Anmutige gibt sich ein wenig spröde

Das winzige Eiland La Graciosa im Norden Lanzarotes würde auch Robinson und Freitag gefallen

Man muss auf La Graciosa kein Frühaufsteher sein. Bevor das erste Boot aus Órzola, dem nördlichsten Ort Lanzarotes, eintrifft, ist hier sowieso nichts los. Möwen segeln kreischend über dem Hafen, wo ein Fischer seine Netze sortiert. Der Kellner von der Bar Girasol spannt die Sonnenschirme auf der Terrasse auf, die Frau vom benachbarten Fahrradverleih schiebt ein paar Drahtesel nach draußen. Erst wenn die Fähre der Líneas Marítimas Romero gegen halb elf das spiegelglatte Wasser der Hafeneinfahrt durchschneidet, kommt so etwas wie Betriebsamkeit auf. Man sammelt sich am Kai, um den Landgang der Tagesausflügler zu begutachten. Ein kleiner Lieferwagen wartet darauf, die Waren für die beiden Gemischtwarengeschäfte aufzuladen. Ein Mann steht mit einem Schubkarren bereit, um das Gepäck eines Urlauberpaars zu übernehmen, das ein Appartement gemietet hat.

Herr Schmidt ist glücklich. Im Adamskostüm schlendert er vom Ferienquartier zum Strand, um das vormittägliche Schwimmprogramm zu absolvieren. So viel Freizügigkeit kann er sich problemlos leisten, ist er doch im letzten Haus von Caleta del

Sebo untergebracht, nur ein paar Schritte vom blaugrünen Wasser der Bahía del Salado entfernt. Hier kommen ohnehin nur ein paar Wanderer vorbei. Auch die Gattin ist zufrieden mit dem Urlaubsziel. Rundum wohl fühlen sich die beiden, wird versichert. Dabei haben sie schon am zweiten Tag ihrer pauschal gebuchten Robinsonade den Reiseveranstalter angerufen und gebeten, in ein Hotel nach Lanzarote wechseln zu dürfen. Aber dort war man ausgebucht.

Wie viele andere Gäste waren die Schmidts zunächst ein wenig erschrocken, wie abgeschieden und einfach sich ihr Ferieneiland präsentierte. Es fehlte der übliche Zeitvertreib eines konfektionierten Kanarenurlaubs. Hier gibt es keine Busausflüge, keinen Bummel mit Leutegucken auf der Promenade, keinen Supermarkt mit zwei Dutzend deutschen Zeitschriften, kein heimatliches Bier vom Fass, keine Animateure, Spielhöllen und Poollandschaften. Erst auf den zweiten Blick haben sich die Schmidts in die kleine Insel verliebt, gehen wandern und radeln, entdecken einsame Strände und lesen so viel wie noch nie in einem Urlaub. Es soll aber auch andere Fälle geben: Paare, die mangels üblicher Zerstreuung auf La Graciosa an der eigenen Sprachlosigkeit verzweifeln und in eine ernsthafte Krise geraten.

La Graciosa ist mit siebenundzwanzigeinhalb Quadratkilometern die größte und einzige bewohnte Insel des Archipielago Chinijo, zu dem auch die noch kleineren Atlantiktrittsteine Alegranza, Montaña Clara, Roque del Este und Roque del Oeste gehören. Wie La Graciosa, diese Sandwüste mit ihrer

Handvoll schon lang erkalteter Vulkane, die von der Erosion weitgehend verschliffen sind, zu dem wohlklingenden Namen »die Anmutige« kam, ist ungeklärt.

Wer im Norden Lanzarotes den von César Manrique gestalteten spektakulären Mirador del Río besucht, ein Aussichtsrestaurant, das wie das Auge eines Riesen aus der schwarzen Steilwand des Risco de Famara nach Nordwesten lugt, sieht die Insel Graciosa in ihrer ganzen Ausdehnung auf dem stahlblauen Tablett des Ozeans präsentiert. Aus der Luft betrachtet trägt das Eiland ohne Quellen seinen Namen zu Recht. Die Strände und Wüsten schimmern in Schminkfarben zwischen Rosa, Gelb und Goldbraun. Einzig das Häusergewürfel des »Hauptortes« Caleta del Sebo leuchtet in blendendem Weiß und verblüfft die Besucher vor allem mit seinen gelbsandigen Straßen, die den adretten Ort wie eine Arena wirken lassen.

Es gibt auf La Graciosa keine geteerten Wege und außer ein paar Lieferwagen und Jeeps auch keine Autos, schon gar keine Leihwagen. Kinder radeln ungestört durch die fast surreal wirkenden grellgelben Gassen oder graben direkt vor der Haustür im Sand. Lange Zeit hat nur ein einziges Fahrzeug existiert, und als das zweite angeschafft wurde, soll es auf der gut zehn Meter breiten Erdpiste zwischen Ost und West prompt zu einem Zusammenstoß gekommen sein. Einmal kommen uns auf unserer Radtour auf dieser Piste vier einheimische Fußgänger mit zwei Hunden entgegen. Sie verteilen sich über die ganze Breite des Schotterwegs, halten meterweise Abstand voneinander, als gelte zu demonstrieren, dass man Raum braucht auf dieser abgeschiedenen Insel mit nur rund hundert Familien vor Ort. Gegen die Sonne trägt man glockenförmige, tief in die Stirn reichende traditionelle Strohhüte, die mit einem schwarzen Band unter dem Kinn festgezurrt werden. Die Hüte La Graciosas sind alle ein wenig ramponiert. Seit die steinalte Hutmacherin Doña Adoración keine neuen Kopfbedeckungen mehr herstellt, werden die Strohglocken auf den Köpfen von Fischern und Hausfrauen immer brüchiger.

La Graciosa blieb lange unbewohnt, wurde nur von Piraten und Ziegenhirten zeitweise aufgesucht. Erst um 1880, als die Zinndosen zur Konservierung von Fisch erfunden wurden und hier eine Fabrik errichtet wurde, siedelten sich die ersten sieben Familien von Lanzarote kommend auf La Graciosa an. Zwar ging die Konservenfabrik schon wenige Jahre später bankrott, doch die Bewohner blieben.

La Graciosas größte Attraktion sind seine zahlreichen feinsandigen und oft von Muscheln regelrecht übersäten Strände. Derlei Traumbuchten sind auf den Kanaren selten und weckten daher mit Beginn des Massentourismus auf Lanzarote die Begehrlichkeit von Investoren. Eine Seilbahn sollte vom benachbarten Mirador del Río über die Meerenge gebaut werden. César Manrique entwarf eine Appartementanlage. Doch die Bewohner La Graciosas, die hauptsächlich vom Fischfang leben, widersetzten sich samt ihrer streitbaren Bürgermeisterin vehement solchen Plänen.

Seit das Eiland zusammen mit den kleineren

Nachbarinseln, die nur von Seevögeln bewohnt werden, zum Naturschutzgebiet erklärt wurde, ist zumindest eine großräumige Ansiedlung von Ferienquartieren erschwert. Doch obwohl offiziell ein Baustopp gilt, hört man in letzter Zeit wieder von neuen Plänen munkeln. Ein Tunnel von Órzola bis zu den Caleta del Sebo direkt benachbarten Salinas del Río ist im Gespräch, der die Schiffsverbindung auf wenige Minuten verkürzen und die Überfahrt auch an Sturmtagen ermöglichen würde.

Bislang gibt es auf La Graciosa, das erst seit 1985 mit Strom versorgt wird, außer zwei kleinen Pensionen und einigen Appartements in Caleta del Sebo keine Gästeunterkünfte. Was sollten Urlauber hier auch schon machen? Man kann allenfalls entscheiden, ob man die Wandertour zu den geschützten Sandstränden im Süden unternimmt oder die längere Nordtour zur Playa de la Conchas und weiter bis zum Weiler Pedro Barbera probiert. Das verlassene Fischerdorf wurde von solventen Bürgern Lanzarotes wieder hergerichtet und wird nun im Sommer als uriges Urlaubsquartier genutzt. Sogar den Schiffsanleger ließ man für das Anlanden der Privatboote wieder herrichten. Manch einer auf La Graciosa kommentiert sarkastisch, hier suchten die *conejeros*, wie die Bewohner Lanzarotes im Volksmund genannt werden, ihr letztes Paradies, nachdem sie die eigene Insel ausverkauft hätten.

La Graciosas Strände sind außer im Hochsommer noch fast gänzlich einsam und von bizarrer Schönheit. Nur zum Fest der Jungfrau des Meeres, das alljährlich am 16. Juli mit großer Inbrunst gefeiert wird, kommen viele Besucher nach La Graciosa. Man zeltet kostenlos an der Bahía del Salado, die mit Duschen und Toiletten ausgestattet ist. Wer die Wanderung zur Playa de las Conchas hinter sich hat, steht vor einer perfekten goldfarbenen Sandsichel, hinter der sich ein karmesinroter Vulkankegel türmt. Der Atlantik rennt mit riesigen grün schillernden Brechern auf den Strand. Starke Unterströmungen lassen hier, anders als im Süden, das Schwimmen zur lebensgefährlichen Unternehmung werden. Aber dafür darf man sich hier wie Robinson und Freitag fühlen, allein mit Quadratkilometern von feinstem Sand am Saum der See.

Außer Wandern und Touren mit dem Mountainbike gibt es nicht viel zu tun für die Feriengäste auf der »Anmutigen«. Man kann im Hafen den Fischern beim Streichen der Boote zusehen und, sofern man des Spanischen mächtig ist, vielleicht einen von ihnen überreden, einmal mitfahren zu dürfen. Man kann auf der Kaimauer oder in der Bar El Chiringuito bei einem Gin Tonic sitzen, die Möwen beim Sturzflug beobachten und hinüberschauen auf die Steilwand des Risco de Famara jenseits der Meerenge. Früher, als es noch keine Fährverbindung nach Órzola gab und man bei gutem Wetter auf kürzestem Weg zur großen Schwesterinsel übersetzte, erklommen die Fischerfrauen die Felswand, um ihre Ware auf Lanzarote loszuschlagen.

Man kann zusehen, wie die Wolken, die regelmäßig über die niedrigen Vulkane La Graciosas hinwegsegeln, ohne einen Tropfen an diese Sandwüste zu verschwenden, sich über dem benachbarten Gebirge abregnen. Man kann darüber sinnieren, was passierte, wenn das Wetter so stürmisch würde, dass die Fähre nicht kommen könnte und man den Heimflug verpasste. Doch das ist mit dem neuen Boot im ganzen letzten Jahr nur an zwei Tagen geschehen, wie der Matrose des properen Schiffes weiß.

Abends, wenn die Tagesausflügler verschwunden sind, muss man nur eine Entscheidung treffen. Zum Beispiel in welcher der wenigen Kneipen man den frischen Fisch mit Schrumpelkartoffeln und grüner Kräutersoße zu bestellen hat. Im Girasol schaut der Kellner gern ein wenig mürrisch drein, als wollte er klarstellen, dass er nur das Essen zu servieren hat, aber keine anbiedernde Freundlichkeit dazu.

Die Schmidts stört das keineswegs. Sie werden im nächsten Jahr wiederkommen, denn so gut erholt wie hier haben sie sich nie zuvor. Vor dem Abendessen wollen sie noch eine Runde schwimmen.

Mehlpampe und alte Wäsche

Die Küche der Kanarischen Inseln

Am Anfang war der *gofio*. Im Volksmund liebevoll-abfällig als *cemento* bezeichnet, soll der steife Brei einst die Nahrungsgrundlage der Guanchen gebildet haben, denen die Kunst des Brotbackens unbekannt war. Damit sie ihre Gerste nicht roh essen mussten, rösteten sie die Körner über dem Feuer und mahlten sie per Hand in steinernen Mörsern. Das so gewonnene Mehl wurde mit Wasser oder Ziegenmilch verrührt gelöffelt.

Gofio ist noch heute auf den Kanaren allgegenwärtig. In jedem Supermarkt finden sich die eingeschweißten Tüten mit dem preiswerten gerösteten Körnermehl. Mal aus Gerste, dann wieder aus Weizen, zuweilen mit Maismehl gemischt. Doch das Produkt gibt dem Zugereisten Rätsel auf. Was kann man mit dem Zeug anfangen? Denn *gofio* als »Sättigungsbeilage« findet sich kaum je auf den Speisekarten. Ein einziges Mal haben wir ihn in einem Restaurant in Las Hayas auf La Gomera serviert bekommen, hoch über dem Valle Gran Rey in der Kneipe der alten Efigenia, die die stärkende Grütze zum gedünsteten Gartengemüse serviert. Einheimische meinen, es brauche Jahre, bis man sich an die Pampe gewöhnen könne. Nach der strammen Bergwanderung mundete uns der Guanchenbrei jedenfalls vortrefflich. Und er bildet eine gute Grundlage für die meist mit reichlich Knoblauch gebratenen und gesottenen Fleisch- und Fischgerichte. *Conejo* (Kaninchen) kommt ebenso gern auf den Tisch wie *cabrito* (Zicklein), gern serviert werden auch die saftigen Meeresbewohner wie *mero, sama* oder *vieja,* der äußerst delikate Papageienfisch. Es lohnt sich, nach frischem Fisch aus einheimischen Gewässern zu fragen. Seezungen etwa werden auf den Kanaren niemals gefangen. Dieser bei Touristen besonders beliebte Fisch stammt ausschließlich von der *paeninsula,* also vom spanischen Festland, wo er filetiert, gewaschen und tiefgefroren wird, bevor er per Flieger auf die Reise geht. Weil aber das spanische Leitungswasser bekanntlich heftig gechlort wird, muss man sich nicht wundern, wenn das zarte Fischlein später auf dem Teller nach Schwimmbad schmeckt.

Aber für Gourmets sind die Kanaren ohnehin ein schwieriges Pflaster. Eine gehobene Küche ist auf den einst abgelegenen und ärmlichen Inseln so gut wie unbekannt. Vieles wird totgekocht, zu Schuhsohlen gebraten oder mit viel zu lange gebrauchtem Öl verhunzt. Es fehlt zudem oft an gut ausgebildetem Personal. Spötter berichten, dass selbst in gehobenen Hotels zuweilen so artfremde Berufsgruppen wie Automechaniker in den Töpfen rühren, wenn es an ausgebildeten Chefs fehlt. Die jeweils aktuellen guten Adressen erfährt man am ehesten durch Mund-zu-Mund-Propaganda.

Zurück zu den Grundlagen, also zum *gofio.* Manche Canarios rühren ihn schon morgens in den Milchkaffee, um dem Tag hinreichend gestärkt entgegenzutreten, oder verwenden das braune Röstmehl für zuckerhutförmige Süßigkeiten. Gibt es *gofio* auch auf herzhafte Art? Klar doch! Wenn man sich etwa in der Höhlenbodega Tamanca bei Jedey auf La Palma den Empfehlungen des Kellners anvertraut, bekommt man als Vorspeise etwas vorgesetzt, was an in Puderzucker gewälztes Gebäck erinnert. Wer mit solcher Annahme ein Bröckchen zum Mund führt, darf sich ob der unerwarteten Geschmackssensation wundern. Es handelt sich nämlich bei den appetitlich aussehenden Häppchen um *chicharrones,* knusprig ausgebackene Streifen von Schweineschwarte, die anschließend in – na was wohl? – *gofio* gewälzt werden.

Ein *Gofio*-Rezept für Anfänger? Zwei gehäufte Esslöffel davon zusammen mit der gleichen Menge an Palmenhonig in eine Schale Naturjoghurt einrühren. Das geht kinderleicht und schmeckt köstlich als Dessert oder garantiert sättigende Zwischenmahlzeit.

Auch die anderen kanarischen Spezialitäten kommen nicht gerade als leichte Küche daher. Hart war das Leben der Landleute und Fischer, bevor der Tourismus Geld auf die Inseln pumpte. Entsprechend schlicht und deftig ist die Kochkultur. Gemüsesuppen mit Mangold oder Brunnenkresse geben Kraft. Ebenso die zahlreichen sättigenden Eintöpfe, die stundenlang auf dem Feuer köcheln. *Ropa vieja* etwa, was »alte Wäsche« heißt, ein Gericht aus Kichererbsen, Kartoffeln und Schweinefleisch. Oder der *puchero canario,* die etwas opulentere Version eines Eintopfes, in den neben den kichernden *garbanzos* auch Weißkohl, Kürbisse wie *bubango* und *chayote*, grüne Bohnen, Süßkartoffeln und mindestens zwei Sorten Fleisch hinein gehören. Die Kartoffel, die den Guanchen genauso fremd war wie das Brot und auf den Kanaren nicht etwa die spanische Bezeichnung *patata* führt, sondern als südamerikanische *papa* daherkommt, hat heute in der kanarischen Küche einen festen Platz. In Meerwasser gekochte *papas arrugadas* werden als salzbehauchte runzlige Pellkartöffelchen zum auf der *plancha*, also der heißen Platte, gebratenen Fisch serviert.

Zu den Schrumpelkartoffeln gehört unbedingt *mojo*, eine Sauce, die entweder grellrot oder giftgrün leuchtet. Rote *mojo* ist ein Gebräu aus Peperoni, Knoblauch, Paprikapulver, Essig und Öl. Grüne *mojo* kennt zwei ganz unterschiedliche Varianten. Idealerweise enthält sie neben den obligaten Zutaten Essig und Öl, Salz, Kümmel und Knoblauch vor allem frische Korianderblättchen. Leider wird der apart schmeckende Koriander meist mit durch den Mixer gejagten grünen Paprikaschoten ersetzt. Auch für Selbstverpfleger ist *mojo* inzwischen fast überall zu haben. Es ist zum Hausfrauensport geworden, auf den Märkten der Inseln tagesfrische Tunke in recycelten Glasfläschchen zu verkaufen.

Beinahe schon als Süßspeise könnte man die *morcilla*, die kanarische Variante der Blutwurst, bezeichnen. Denn der in der Pfanne gebratene dicke dunkle Fladen ist mit Rosinen, Mandeln, Anis, Zitronenschale, Zucker und Zimt gewürzt – für unseren Geschmack höchst ungewohnt und dennoch äußerst wohlschmeckend.

Auch die Desserts präsentieren sich wuchtig und kalorienhaltig: *Sopa de miel* etwa, eine Brot-Honig-Suppe, oder *cabello de ángel*, ein »Engelshaar« aus Pantana-Kürbis, Zucker und Mandelblättchen.

Nichts ist jedoch so typisch kanarisch wie *bienmesabe*, was schlicht »es schmeckt mir gut« bedeutet. Wie beim *gofio* handelt es sich dabei um eine steifen Brei, in diesem Fall aus gemahlenen Mandeln, Zimt, Zitronenschale und jeder Menge Eigelb und Zucker. *Que aproveche!* Guten Appetit!

Ropa vieja – »Alte Wäsche«

1 Pfund Kichererbsen, 1 Pfund Schweinefleisch, etwas abgezogene Tomate, 1 Glas Wein, 1 Zwiebel, 1 Paprika, 2 Knoblauchzehen, Lorbeer, Petersilie, Thymian, Pfeffer und Salz.

Die am Vortag eingeweichten Kichererbsen mit dem Fleisch in Salzwasser kochen. Wenn das Fleisch gar ist, die Brühe abschütten und das Fleisch klein schneiden. Zwiebel, Tomate, Paprika und Knoblauch hacken und mit zerstoßenen Pfefferkörnern in Öl braten. Weißwein, Lorbeer, Thymian und die Kichererbsen hinzufügen und zusammen mit den Fleischstücken und eventuell etwas zugegossener Fleischbrühe so lange köcheln, bis die Kichererbsen ganz weich sind. Petersilie kurz vor dem Servieren zugeben.

Die zementierte Küste

Gran Canarias Süden und die Tourismusindustrie

Das Wesen einer Insel kann nur verstehen, wer sich ihr vom Wasser aus nähert. Wenn man das Eiland zuerst aus der Ferne sieht, wie es Entdecker zu tun pflegen. Wie es auch einst die frühen Reisenden taten, die sich den Kanaren mit Karavellen oder Dampfschiffen näherten. Die ersten Touristen Gran Canarias, reiche Engländer zumeist, die im 19. Jahrhundert des milden Klimas wegen als Wintergäste kamen, landeten im Hafen Puerto de la Luz von Las Palmas an, blieben in der Hauptstadt in feinen Hotels und wagten allenfalls einen Ausflug auf Maultieren in die Wüste des Südens. Heute kommen die Touristen fast ausnahmslos mit Flugzeugen an, heben vom heimatlichen Boden ab und setzen auf fremdem Land wieder auf. Und doch gibt es diese uralte Sehnsucht, einer Insel von der See aus Bewunderung zu zollen.

Gran Canaria ist umspült von den blauen Fluten des Atlantik. Also schiffen wir uns ein auf dem Ausflugsschiff »Supercat«, einem der größten Katamarane der Welt mit vierhundertfünfzig Quadratmeter Segelfläche. Das Boot liegt im Hafen von Puerto Rico, einem der touristischen Zentren im Süden von Gran Canaria. Wie eine Burganlage aus weiß getünchtem Beton wirkt die fast lückenlose Bebauung dieses Ferienorts, dessen Hotelanlagen sich die Hänge hinaufschichten. Puerto Rico war das erste touristische Zentrum von Gran Canaria, für das man einen künstlichen Strand anlegte, eine muschelförmige Sandbucht mit seichtem Wasser.

An Bord des Supercat machen es sich die Passagiere in den Liegestühlen an Deck bequem. Dann läuft das Boot aus, passiert die Hafenmole und wendet, um Kurs nach Nordwesten zu nehmen. Immer die Küste wird es entlang gehen, bis zum westlichsten Punkt der Insel, wo die Playa de Güigüí mit ihren beiden einsamen Sandbuchten liegt. Der Traumstrand in einem Naturreservat ist ansonsten nur nach stundenlanger, anstrengender Wanderung zu erreichen. Kapitän Cristobal Godoy, der den Vornamen eines der berühmtesten Seefahrer trägt, lässt das riesige Segel setzen. Gemächlich zieht das Boot die Küste entlang. Fast jede Bucht ist mit Hotelanlagen bebaut.

Der Süden Gran Canarias war einst ein unfruchtbares Ödland, mit dem niemand etwas anzufangen wusste. Nichts wollte recht gedeihen in dieser Wüste, einem riesigen nutzlosen Terrain im Besitz von Don Alejandro Castillo de Castillo, Bravo de Laguna, Conde de la Vega, Grande de Guadelupe. Vor gut fünfzig Jahren erst, einer Zeitspanne, die nicht mehr als einen Wimpernschlag in der Geschichte ausmacht, begann sich alles zu ändern. Der Süden mit seinen Stränden und seinem stabilen Sonnenwetter wurde mit dem aufkommenden Massentourismus Gold wert. Für die erste Ferienanlage in San Augustín ließ der Graf und Grundherr einen Architektenwettbewerb ausrufen. Bald aber überschlugen sich die Ereignisse. Überall wuchsen Hotelkästen in die Höhe, wurde schnelles Geld gemacht.

Von der See aus wirken die Bauten in Weiß und Pastell dennoch schön. Die Distanz schmilzt sie zu gefälligen Ensembles ohne störende Details zusammen. Unser Schiff passiert die Playa de los Amadores. Man hat keinen Aufwand für die sonnenhungrigen Gäste aus dem Norden gescheut. Wo vor Jahren noch ein mickriger dunkler Steinstrand dem unruhigen Atlantik trotzte, ist die Küste nun mit Wellenbrechern geschützt. Dahinter liegt eine perfekt geschwungene Traumbucht mit feinstem goldgelben Sand. Er wurde per Schiff von karibischen Gestaden gebracht, von der Insel Barbados. Oberhalb der Bucht windet sich die alte Küstenstraße an Felsen entlang, passiert die Feriensiedlung Playa del Cura, quert Barrancos, die in winzigen, noch unbebauten Buchten enden, gewährt einen Blick auf die Playa de Taurito mit ihren längst in Beton erstarrten Flanken und dem Aquapark.

Dann spitzt Puerto de Mogán hinter seiner hohen Hafenmauer hervor. Auch hier ist mittlerweile ein künstlicher Sandstrand angelegt worden. Puerto de Mogán ist bislang der Endpunkt der touristischen Entwicklung im Südwesten. Wenigstens das Projekt einer weiteren *urbanización* in der benachbarten Veneguera-Bucht ist mittlerweile auf Eis gelegt worden. Das Gebiet steht unter Naturschutz.

Die Küste wird nun fast durchgehend von steilen Felswänden gesäumt. Glasklar leuchtet das Atlantikwasser an den Rändern dieser steinernen Barriere, funkelt in Tönen von Aquamarin, Saphirblau und Smaragdgrün. Die Gäste des Ausflugsschiffs dösen an Bord in der Sonne oder lassen sich vom gutgelaunten Barmann die im Preis inbegriffenen Getränke aushändigen. Es sind vor allem deutschsprachige Gäste an Bord. Alle Kanarischen Inseln werden eifrig von Gästen aus *Alemania* besucht. Gran Canaria aber ist die Lieblingsinsel der Deutschen, die die Mehrheit der ausländischen Touristen stellen. Doch nicht jeder, der deutsch spricht, muss zwischen Nordsee und Alpen geboren sein. Die beiden jungen Damen an Bord, die in bester Ferienstimmung sind, sind zwar von München aus angereist, doch Natascha stammt aus Estland und ihre Studienfreundin Nazanin aus dem Iran. Seit Jahren reisen die beiden Freundinnen gemeinsam. Meist haben sie Städtetrips gemacht. »Doch diesmal musste es Sonne und Strand sein«, sagt Natascha und Nazanin ergänzt, dass man einfach mal ausspannen wollte nach den Klausuren. Die beiden sind in der touristischen Hochburg Playa del Inglés untergebracht und vollauf zufrieden mit dem Urlaub. »Die langen Sandstrände sind herrlich und es gibt jede Menge coole Bars und Discos«, lautet ihr Insel-Fazit.

Der Barranco de Tasarte ist eines der wenigen Täler, die die raue Südwestküste durchschneiden. Über Generationen haben die Bewohner des Weilers Playa de Tasarte vom Fischfang gelebt. Als die mühsame Arbeit, dem Ozean Ernte abzuringen, immer unrentabler wurde, stellte das gesamte Dorf sein Leben um. Aus Fischern wurden Bauern, die in ihrem Tal nun Avocados und tropische Früchte anbauen. Vom Fischfang lebt heute nur noch eine einzige Familie. Ihr gehört auch das weithin bekannte Restaurant Oliva, ein in sattem Rosa angestrichenes Haus direkt an der steinigen Bucht. Hier könne man notfalls sogar übernachten, erklärt Sergio Riberger, dessen gar nicht spanisch klingender Nachname von einem deutschen Großvater herrührt. Sergio hat an Bord des Katamarans die Rolle des Reiseleiters, der in angenehmem Plauderton an Deck über die Insel erzählt.

Dann liegt die Playa de Güigüí mit ihren beiden hellgrauen Sandsicheln voraus. Trotz des hochsommerlichen Wetters ist kein Mensch an diesem abgelegenen Strand zu sehen, der durch das bergige Hinterland abgeriegelt wird. Vielleicht wird ein erschöpfter Wanderer hier später am Nachmittag eintreffen und ein erfrischendes Bad nehmen, bevor er sich zu Fuß auf den weiten Weg zurück macht. Das Boot dreht, lässt die Buchten in ihrer jungfräulichen Einsamkeit zurück.

Als ob es nicht langweilig werden sollte auf dem Ausflug, tauchen plötzlich zwei Pilotwale aus den Fluten auf, schwimmen ein Stück mit dem Katamaran, schnellen aus dem Wasser, verschwinden unter dem Boot, zeigen sich erneut ein Stück weiter seitab. Bis zu fünf Meter messen die grauen Tiere mit dem weiß geflammten Bauch, die an den Gestaden der Kanarischen Inseln häufig anzutreffen sind. Meist in kleinen Gruppen unterwegs, sind sie erstaunlich standorttreu und verlassen selten ihre Lieblingsreviere. Kameras werden gezückt, Camcorder surren, während die kleinen Wale ihr Schauspiel geben. Als die Tiere endgültig abgetaucht sind, das Spektakel für heute vorbei ist, gibt es Gelegenheit für die Passagiere, sich im Atlantikwasser zu tummeln.

Das Boot ankert. Vom Heck, das fast bis an die Wasseroberfläche reicht, hüpfen die Badegäste in den tiefblau leuchtenden Ozean. Die Strömung ist stark, weshalb die Besatzung vorsichtshalber einen Rettungsring an langer Leine ausgeworfen hat. Doch alle Gäste schwimmen nach ausgiebigem Bad im Meer wieder sicher zurück zur Badeleiter. Seeluft und Wellen machen müde, und manch einer der Passagiere hält eine Siesta, bevor das Schiff wieder im Hafen von Puerto Rico anlegt. Wieder an Land, aus der Nähe betrachtet, verliert dieser für den Tourismus fast lückenlos erschlossene Teil der Küste schnell seinen Reiz. Mitten in Puerto Rico thront eine Filiale von McDonald's, reihen sich immer gleiche Souvenirläden und Strandboutiquen.

Zwanzig Jahre sind vergangen, seit ich den Süden der Insel zuletzt besucht habe.

Der Traumstrand von einst hieß Playa de Taurito, zuweilen auch Playa del Diablito genannt. Doch in der damals völlig unberührten »Bucht des Teufelchens« sind heute Urlaubermassen untergebracht. Der Lago de Taurito wurde als erstes gebaut, eine künstliche Chlorwasserlagune, die nicht zu den umliegenden Hotelanlagen gehört. Doch der Aquapark gewährt freien Eintritt für die Gäste der angrenzenden Hotels, während sonstige Besucher, etwa kanarische Familien, einen happigen Eintritt zu entrichten haben. Links und rechts dieses riesigen Schwimmbads schichten sich die Hotels und

Appartements steil den Hang hinauf. Und es wird weiter gebaut. Baggerschaufeln nagen am Fels.

Puerto de Mogán liegt kaum mehr als einen Kilometer Luftlinie von Taurito entfernt und leuchtet verlockend bunt im Schutz seiner massiven Hafenmauer. Der Hafen von Mogán war einst eine Art Sehnsuchtsort für Alternativtouristen, die an einer noch unverdorbenen Küste in der Sonne liegen wollten, ohne von Tausenden von deutschen Landsleuten umzingelt zu sein, als sei man in einem Freibad in Berlin oder Frankfurt. Man übernachtete in einfachen Pensionen bei »Lucrecia«, »Lumy« oder »Guillermo«, teilte sich zu zweit abends ein Thunfischfilet mit Pommes Frites und gemischtem Salat für fünfhundert Peseten und freute sich an den günstigen Preisen für Zigaretten, Bier und Brandy.

Dann wurde auch Puerto de Mogán für den Tourismus erschlossen. Doch der Ort schien unter dem Schutz einer guten Fee zu stehen. Was rund um den Fischerhafen gebaut wurde, entpuppte sich als Vorzeigeprojekt einer gelungenen touristischen Entwicklung. Kleine einstöckige Häuschen im kanarischen Stil wurden errichtet, überrankt von Bougainvillea und Palmwedeln, durchzogen sogar von zwei Kanälchen, die dem malerischen Ensemble bald den Beinamen »Klein-Venedig« einbrachten. Nicht einmal die Rucksacktouristen konnten etwas gegen diese perfekt inszenierte Idylle sagen.

Von der Hafenmauer aus gesehen ist Puerto de Mogán bis heute ein Schmuckstück geblieben. Bunte Fischerboote spiegeln sich im dunkeltürkisen Wasser. Als romantische Kulisse erheben sich dahinter die hübschen Häuschen der Pionieranlage mit Dachterrassen, die von blühenden Pflanzen überquellen. Sonnengelb leuchtet der neu angelegte Sandstrand.

Doch ist auch Puerto de Mogán nicht mehr, was es einst war. Der gesamte Talgrund des sanft zum Meer auslaufenden *barrancos* war früher oasengleich von Gemüseplantagen bedeckt. Auberginen und Tomaten wurden hier gezogen, Papayabäume breiten Schatten darüber aus. Alles Grün ist verschwunden. In der Talmitte thront ein riesiges Einkaufszentrum, rund herum wurde und wird gebaut. Die lauschige Dorfkneipe in einem historischen Haus mit Balkendecke, einst beliebter Treffpunkt von Seglern und Alternativtouristen, ist nicht mehr auszumachen. Früher saßen die alten Männer des Ortes auf der Terrasse. Wie ein Zitat der guten alten Zeit finden wir noch ein Kleeblatt von Dominospielern im Schatten eines riesigen Gummibaums. Aber sie wirken verloren zwischen Supermarkt, Souvenirshops und der Spielhölle Salón Recreativo Mogán.

Einige der alten familiären Herbergen existieren nicht mehr, doch in der Pension Lumy am Ortseingang treffe ich Juán Diáz Sosa und seine wie einst energiegeladene Frau María wieder. »Was sie mit der Playa de Taurito gemacht haben, ist ein Verbrechen«, sagt María, und auch über die Veränderungen in Puerto de Mogán ist sie entsetzt: »Gut, wir haben einen netten Strand angelegt bekommen, den ja auch die Einheimischen benutzen können. Aber ansonsten: Wo grün war, ist heute Beton. Wir können von Glück sagen, dass sie uns nicht gleich mit einzementiert haben.«

Vom Puerto aus führt die GC 200 ins Hinterland durch das Städtchen Mogán und den gleichnamigen Barranco. Schnell findet die Landschaft zu ihrer ursprünglichen Wildheit zurück. Die Straße windet sich Kurve um Kurve durch das bergige Panorama. Weiß leuchtet das Dorf Casas de Venegueras in einer Talmulde. Wenig später ist die fotogene Felswand Los Azulejos erreicht. Goldgelb, türkis, rosa, weiß und purpurrot schimmern die Gesteinsschichten auf, als hätten Riesen hier die Farbreste ihres Malkastens ausgestrichen. Im Winter ist die Landschaft von saftig grünen Pflanzen getupft. Jetzt, im Hochsommer, zeigt sich das sonnengedörrte Hinterland der Südwestküste in afrikanisch anmutenden Tönen von Ocker und Braun. Der Wind zerrt uns in den Haaren, als wir die Anhöhe Degollada de la Aldea erreichen. In der Ferne liegt die Westküste in blauem Nachmittagsdunst, vor uns breitet sich das bäuerliche La Aldea de San Nicolás mit seinen Plantagen aus. Es ist ein unspektakuläres Landstädtchen, dessen Bewohner sich um ihre Pflanzungen kümmern müssen und nichts für die Touristen zu inszenieren haben.

Doch selbst mitten in den touristischen Hochburgen hat die Natur ein Wunder geschaffen: die Dünen von Maspalomas. Allabendlich sind sie das Ziel der Strandläufer. Da liegt sie, die größte Sandkiste der Kanarischen Inseln mit ihren vom Wind immer neu drapierten, geradezu körperlichen Kurven. Urlauber stapfen barfuß durch die Wellen dieses Ozeans aus feinsten goldfarbenen Körnchen, erklimmen keuchend steil aufragende Sandberge, stehen staunend auf einem Grat und lassen den Blick schweifen bis zum mehr als acht Kilometer langen Strand, der sich vom Faro de Maspalomas bis zur Playa del Inglés zieht und selbst zur Hochsaison genug Platz für alle bietet.

Die Dünen von Maspalomas stehen unter Naturschutz ebenso wie die dazu gehörende Brackwasserlagune Charca, die als Lebensraum für Seevögel wichtig ist. Wenn die Sonne sinkt und die Kuppen der Sandberge erste Schatten in die Mulden werfen, sind die Dünen am schönsten. Mit jeder Minute ändern sie ihre Tönung. Die Farben werden satter, das helle Gelb wird zu leuchtendem Gold, wechselt zu zartem Rosa, schimmert kupferbraun im letzten Licht wie die von der Sonne verwöhnten Gesichter, die von der Promenade aus das Spektakel betrachten.

Ich pfeif dir was!

Auf La Gomera fungieren bis heute die Finger als Mobiltelefon

Mittwoch morgen in San Sebastián de La Gomera, wo Kolumbus einst in See stach, um westwärts nach Indien zu gelangen und dabei Amerika »entdeckte«. Den Klassenraum der 6 b des Colegio Nacional Ruiz de Padrón betritt ein älterer Herr. Lino Rodriguez, früher Spezialist in der Errichtung von Trockenmauern, seit seiner Pensionierung ehrenamtlich als Lehrer tätig, bittet um Ruhe. Die Kinder sammeln sich und stehen auf. Spanische Sprache steht auf dem Stundenplan, aber einmal in der Woche hat dies rein gar nichts mit dem üblichen Unterricht in der Muttersprache zu tun. Señor Rodriguez fordert seine Schüler auf, sich einzustimmen. Zwei Dutzend Hände fliegen zum Mund, ein Finger wird gekrümmt zwischen die Lippen geschoben, und los geht es. Klingt ungefähr so, als stimme sich ein Orchester ein. Oder als gäben Schreivögel ein Konzert. Das ganze nennt sich *el silbo*. Das Verb dazu heißt *silbar*.

Es geht also ums Pfeifen, genauer um die Pfeifsprache *el silbo,* die auf dem kanarischen Archipel ausschließlich auf La Gomera gepflegt wird. Warum das so ist? Eugenio Darias, Koordinator des Unterrichts kann es anschaulich erklären: »Man nehme einen Klumpen Teig, rolle ihn zum Ball, schneide ihn in der Mitte durch und lege eine Halbkugel vor sich auf den Tisch. Dann ziehe man mit den Fingern vom höchsten Punkt zum Rand tiefe Rillen in die Masse. Das ist unsere Insel«.

La Gomera ist die einzige kanarische Insel, die schon seit zwei Millionen Jahren keine Vulkanausbrüche mehr erlebt hat, wohingegen etwa auf der Nachbarinsel La Palma zuletzt 1971 tüchtig Feuer gespuckt wurde. Auf La Gomera hatten Wind und Wetter dementsprechend jede Menge Zeit, das Eiland altern zu lassen. Steile Falten und Furchen sind so entstanden, immer tiefer ins Terrain gefräst durch die Erosion, Schwindel erregende Schluchten, die hier *barrancos* genannt werden. Deshalb quälen sich Autofahrer auf La Gomera von einer Kurve in die andere. Deshalb lieben Wanderer das anspruchsvolle Relief der Insel.

Eugenio Darias hat *el silbo* nicht in der Schule gelernt, sondern durch das Alltagsleben: »Wenn man in den Bergen lebte und irgendwo Ziegen hütete, war *el silbo* von großem Nutzen. Es gab ja noch keine Mobiltelefone. Wer merkte, dass dringend eine Sichel her muss, hat mal eben rüber gepfiffen, dass der Onkel sie später mitbringen soll. Die Alternative wäre nämlich gewesen, die steile Flanke einer Schlucht hinunterzuklettern und sich auf der anderen Seite endlos wieder hochzukämpfen. Nur, um eine vergessene Sichel zu holen.«

Drei Kilometer weit kann man die Pfiffe hören, freilich nur bei guten Wetterverhältnissen. Bei Regen ist die Distanz kürzer. Und bei Nebel ist der Empfang ganz schlecht. Um *el silbo* zu verstehen, muss man pfiffig sein. Es ist eine kontextbezogene Sprache, die nur aus sechs Lauten besteht. Jeder Laut steht für eine ganze Reihe von im Spanischen ähnlich klingenden Silben. Die Anzahl der Silben ist beim Sprechen wie beim Pfeifen exakt gleich. Eine einzige Pfiffabfolge kann jedoch bis zu vierzig verschiedene Wortbedeutungen abdecken. Worte wie *lana, rana* oder *rayo* werden durch exakt den gleichen Pfiff übermittelt. Allein der Kontext erlaubt die richtige Entschlüsselung und die Feststellung, ob nun von der Wolle, einem Frosch oder dem Sonnenstrahl die Rede war.

Klappt aber, wie die 6b anschaulich vorführt. Lehrer Rodriguez pfeift eine Anweisung. Xavier steht auf und öffnet die Tür. Richtig! Dann flötet Ana eine Tonfolge. Danielle erhebt sich, geht durch den Raum und nimmt der Besucherin aus Deutschland die Brille ab. Befehl korrekt ausgeführt! Danielle ist Klassenbeste in Sachen *el silbo*. Dabei kennt keiner bei ihr daheim die Pfeifsprache, denn sie ist die Tochter einer Emigrantenfamilie aus Rumänien.

Jedenfalls ist die ganze Klasse mit Eifer dabei. Außer dem Daumen eignen sich übrigens alle vier Finger zum Pfeifen. Es ist reine Geschmackssache, welchen Finger man krümmt. So oder so, offensichtlich macht den Kindern *el silbo* ziemlichen Spaß. »Zehn Prozent der Zwölfjährigen sind exzellente Pfeifer, weitere zwanzig Prozent nicht schlecht, etwa dreißig Prozent wursteln sich so durch, der Rest versteht zwar alles, kriegt aber nichts richtig gepfiffen«, erklärt Eugenio Darias.

Er ist trotzdem zufrieden mit der Situation. Noch

vor einer Generation war *el silbo* nämlich am Aussterben. Nur noch eine paar Alte beherrschten die Pfeifsprache. Da hatte Don Isidro Ortiz aus dem Töpferdorf Chipude eine Idee: Man müsste *el silbo* zum Schulfach machen! Die Umsetzung dauerte Jahre. Als Gesetz der autonomen Region der Kanaren ließ sich die Sache nicht durchsetzen, da ja die anderen Inseln kein *el silbo* kennen. Man einigte sich schließlich darauf, nur auf La Gomera einen Teil des muttersprachlichen Unterrichts der Pfeifsprache zu widmen. Dann musste ein Curriculum her, mussten Lehrer ausgebildet werden. Seit dem Jahr 2000 haben alle kleine *gomeros* nun *el silbo* als Schulfach, die Jüngeren eine Viertelstunde pro Woche, die Älteren ein halbe Stunde. Gibt es Unterschiede zwischen den Geschlechtern? »Die Mädchen sind fast durchweg besser als die Jungen, in *el silbo* genauso wie in anderen Fächern. Die sind einfach passionierter und konzentrierter, was das Lernen angeht. Die Zukunft wird den Frauen gehören, nicht nur, was das Pfeifen angeht«, versichert Eugenio Darias.

Jedenfalls pfeift man sich wieder was auf der Insel. *El silbo* ist ja eigentlich ganz modern, nämlich eine Sprache in Kurznachrichten, nicht viel anders als eine SMS«, meint Eugenio Darias. »Und ein wenig ist es auch wie bei Facebook«, ergänzt Ana, »die Botschaften sind quasi öffentlich und jeder kann sie mitkriegen.«

Heute hat auch Señor Darias ein Mobiltelefon. Es meldet sich gerade, natürlich auf *el silbo* mit einer Abfolge von Pfiffen. Was sie bedeuten? »Muchacho, geh doch mal ran«, übersetzt Señor Darias grinsend und merkt an, dass es bis heute noch viele Flecken auf La Gomera gibt, wo kein Handy funktioniert. Aber die Kommunikation auf *el silbo* schon. Übrigens erfolgen auch die Sicherheitsansagen auf den Fährschiffen der Naviera-Armas-Gesellschaft inzwischen dreisprachig: auf Spanisch, Englisch und *el silbo*.

Am 30. September 2009 wurde El Silbo Gomero von der UNESCO zum Weltkulturerbe erklärt. Denn es gibt nur noch wenige Orte auf der Welt, die Pfeifsprachen kennen. Sie liegen in Mexiko, in der Türkei, auf einer einzelnen griechischen Insel. Auch in den französischen Pyrenäen gab es eine Pfeifsprache. Sie ist ausgestorben, denn die letzte Frau, die sie beherrschte, hat die Kenntnis mit ins Grab genommen.

Auf Gomera ist man stolz auf die UNESCO-Auszeichnung. Aber Darbietungen der Pfeifsprache gibt es bislang nur auf Inselfesten sowie in einigen Restaurants, die von Busgruppen angesteuert werden. Wer *el silbo* live hören will, muss Einheimische freundlich ansprechen und um eine Demonstration bitten. Eugenio Darias ist das zu wenig. *El silbo* müsse öffentlich zu erleben sein, für die Insulaner ebenso wie für Urlauber. Señor Darias träumt von einem »Silbodrom«. Am liebsten mitten in San Sebastián auf der weiten grünen Wiese des Parque de la Torre mit dem pittoresken Grafenturm aus der Kolumbuszeit. Wie so ein Silbodrom aussehen soll? Eine Art Amphitheater müsse her, mit einer großen Digitalanzeige. Auf der würden mittels einer Computertastatur die Botschaften der Pfeifer ins geschriebene Wort übersetzt. Jeder Satz, jede Losung würden dadurch unmittelbar nachvollziehbar. So, dass die Zuhörer nach und nach durch das Mitlesen die Pfeifsprache verstehen könnten.

Was ist eigentlich am leichtesten zu pfeifen? »Vino tinto«, grinst Eugenio Darias. Denn »Rotwein« klingt gepfiffen eigentlich genauso wie gesprochen. Schmecken tut er natürlich auch. Gehen wir also einen trinken. Wie sich Eugenio später verabschiedet? Natürlich mit einem flott gepfiffenen *Adiós*!

Auf Touren kommen

La Palma ist ein Eldorado für Wanderer

Der blaue Helm passt! Jetzt noch die Regenhaut griffbereit verstauen und die Taschenlampe nicht vergessen. Mit dem bunten Plastikkopfschutz sehen wir wie ein Tross von Bauarbeitern aus. Von Las Lomadas im Nordosten sind wir mit Landrovern aufgebrochen, haben uns Kehre um Kehre auf einer Erdpiste durchs dichte Grün hinaufgeschraubt. Die UNESCO hat den urzeitlichen Lorbeerwald von Los Tilos zur »Reserva de la Biosfera« geadelt. Am Forsthaus Casa del Monte beginnt die Tour. Entlang des Wasserkanals, der das frische Bergwasser von den Quellen *Marcos y Cordero* bergab zu den Dörfern und den Bananenplantagen bringt, führt der schmale Pfad. Links gluckert und schäumt es in der offenen Wasserrinne, zur Rechten geht es tief hinunter in den Barranco. Aber vorläufig sehen wir nichts vom Abgrund. Unentwegt quellen dicke weiße Wolken aus dem Tal, hüllen uns kurz ein, werden vom nächsten Windstoß wieder zerrissen. Eine Lücke in Azur erscheint am Himmel, die Sonne brennt plötzlich, dann sind wir von den nächsten Schwaden eingehüllt. Bald ist der erste von rund einem Dutzend begehbarer Tunnel erreicht. Im schwachen Schein der Taschenlampen tasten wir uns durchs Dunkel.

Als die Sonne endlich gegen die Wolkensuppenküche obsiegt hat, tun sich tiefe Blicke in den Barranco auf. Der letzte Tunnel hat es in sich. Jetzt ziehen wir den Regenschutz über. Wasser stürzt mit lautem Prasseln von oben durch das Felsgewölbe. Wieder an der Sonne, stehen wir vor einem Berghang, der sich mit schäumenden Kaskaden schmückt. Butterblumen und Königskerzen wuchern in dichten Büscheln. Wir kosten von den klaren Quellen und rasten unter einer Bergkiefer. Die Mutigen wählen beim Rückweg eine andere Route und seilen sich unter kundiger Anleitung in eine tiefe Schlucht ab.

Müde, aber glücklich sitzen wir wieder auf den Pritschen der Geländewagen. Auf der engen Piste streifen uns Lorbeer, Ginster und Riesenfarne wie grüne Pflanzenarme, die uns noch eine Weile festhalten wollen. Dann öffnet sich die Landschaft. Magisches Blau, mal heller, mal dunkler, blitzt durch die Zweige. Das Azur des Himmels und das Ultramarin des Meeres stoßen am Horizont aufeinander, wetteifern um die Gunst des Auges. Jorge, der Fahrer, hält am Wegrand, gönnt uns fünf Minuten andächtiger Versenkung in das Panorama und drückt uns die süßsauren Früchte eines wilden Mispelbaums als Erfrischung in die Hand.

Wie ein Faustkeil drückt sich das gebirgige La Palma aus dem Atlantik. Von Nord nach Süd durchzieht die »Cumbre« das Eiland wie ein topografisches Rückgrat. Im Inselsüden mit seiner jettschwarzen Lava-Landschaft ist der Boden unter den Füßen heiß. Vor noch nicht allzu langer Zeit, im Herbst 1971, spuckte der Vulkan Teneguía wochenlang Feuer und Rauch. Jetzt ist der kohlestaubdunkle Boden schon an vielen Stellen wieder mit jungen grellgrünen Pflanzen bedeckt.

Die nach Westen hin durch die »Schlucht der Ängste« zum Meer geöffnete Caldera de Taburiente gilt mit ihren mehr als sieben Kilometern Durchmesser und mehr als zweitausend Metern Tiefe als der größte erkaltete Vulkankrater der Erde. Heute ist das gesamte Gebiet unter Naturschutz gestellt und ein Paradies für Bergwanderer. Stolze zweitausendvierhundertsechsundzwanzig Meter ragt der Roque de los Muchachos als höchster Gipfel auf. Bezogen auf seine Gesamtfläche von nur gut siebenhundert Quadratkilometern ist La Palma die steilste Insel der Welt.

Schon im Flugzeug haben viele Passagiere Wanderschuhe an den Füßen. La Palma ist kein Massenziel, auch weil Strände eher rar sind und der Atlantik oft wild gegen die Küste anrennt. Es gibt nur zwei touristisch geprägte Orte: Puerto Naos im Westen und Playa de los Cancajos im Osten. Selbst die Hauptstadt Santa Cruz wirkt mit ihren bunt gestrichenen alten Häusern reichlich verträumt. Und ja, auch Fußfaule können hier glücklich werden. Die Insel lässt sich gut mit dem Leihwagen entdecken, auch wenn die Nordumfahrung mit ihren endlosen Kurven einen ganzen Tag dauert.

Wirklich erkunden lässt sich La Palma aber nur Schritt für Schritt. Rund zwei Dutzend Touren kann man sich vornehmen. Die kürzeste, der Spaziergang zum Krater des San Antonio, dauert ganze zwanzig Minuten. Die längste Strecke, mit Zeltübernachtung auf einem Hochplateau in der Caldera, zwei volle Tage. Alle Touren lassen sich dank mittlerweile recht guter Beschilderung entweder individuell gehen oder als geführte Exkursion vor Ort buchen, was zuweilen das Transferproblem erleichtert. Oft liegen nämlich Anfang und Ende einer Wanderung weit voneinander entfernt. So etwa bei der Wanderung vom noch ganz ursprünglichen Santo Domingo de Garafía durch den Barranco Fagundo zum winzigen Weiler El Tablado im Norden. Bei den Guanchen-Spiralgravuren von La Zarza beginnt der Weg, führt zunächst durch dichten Wald mit Riesenfarnen, mannshohem Erika und Säulenkakteen. Dann öffnet sich das Gelände und gewährt spektakuläre Blicke auf die fast unbewohnte Nordküste. Dottergelber kalifornischer Mohn, violett leuchtende Blatterbsen und riesige lilablaue Natternköpfe säumen den Weg. Außer den Wanderern ist nur eine Hirtin mit ihren Ziegen unterwegs.

Der Camino Real nimmt sich die Überquerung der Cumbre in westöstlicher Richtung vor. Unsere achtjährige Tochter stöhnt. Es ist ihre erste Bergwanderung, und der »Königliche Weg« ist ganz und gar nicht bequem. Oberhalb von El Paso sind wir bei der Einsiedelei Virgen del Pino aufgebrochen. Sofort steigt der Pfad in steilen Kehren bergan. Noch ist es früh am Morgen und der Westhang liegt im wohltuenden Schatten. Die Luft ist kühl. Tautropfen hängen in den Kiefern. Die Bäume »kämmen« sich das lebensnotwendige Wasser aus den Wolken.

Der Camino Real ist ein uralter Pfad. Jahrhundertelang wurden alle Waren von der Inselhauptstadt

Santa Cruz im Osten auf Maultieren über den Grat nach Westen transportiert. Das Kind möchte jetzt auch ein Muli haben oder den »Dreh-um-die-Bolzen-Hügel« aus einem Kinderbuch Astrid Lindgrens, auf dem man immer bergab gehen kann, egal aus welcher Richtung man kommt. Der Blick vom höchsten Punkt des Weges bei der wohlverdienten Rast nach Osten hin beeindruckt die Tochter dann doch. Santa Cruz schmiegt sich weiß leuchtend an die Küste, und der Ozean liegt wie ein silberner Spiegel im Licht. Die Eidechsen werden von der Wärme munter und naschen Bananenstücke direkt von der still gehaltenen Kinderhand. Auf dem Rückweg sammeln wir Kiefernzapfen für den Kamin des Ferienhauses.

Wir haben einen Traumtag erwischt. Keine Wolke trübt den Himmel. Das ist gut so, denn vor uns liegt die Ruta de los Volcanes. Sie läuft vom Refugio El Pilar fast genau auf der oft verhangenen Cumbre nach Süden. Zwei Stunden spendet uns der Bergwald Schatten, ab dem Vulkan Hoyo Negro ist das Gelände offen und die Sonne beginnt zu brennen. Der nächste Krater, Deseada, liegt auf fast zweitausend Metern Höhe. In der dünnen Luft ist das Panorama wortwörtlich atemberaubend. Es ist Zeit für eine Pause. Einer Fata Morgana gleich schwebt der Teide auf Teneriffa über den Passatwolken. Die Inseln La Gomera und El Hierro ragen wie steinerne Karavellen aus dem blauen Atlantik auf.

Von wegen »vom Schuhputzer zum Millionär«

Ein Bummel durch Gran Canarias Hauptstadt Las Palmas

Früher Morgen an der Playa de las Canteras, dem drei Kilometer langen Stadtstrand von Las Palmas, der einzigen wirklichen Großstadt der Kanarischen Inseln. Ein natürliches Riff schützt die riesige Badewanne der Hauptstadt vor der Brandung des Atlantik. Still, wie in einer sanft geschwungenen mediterranen Bucht, glänzt das Wasser im Licht. Frühaufsteher joggen durch den Sand, machen Gymnastik in der Morgensonne, bevor sie ein Bad in den blaugrünen Fluten wagen. Vor der Nische mit der Madonna schlagen Passanten das Kreuzzeichen. Fischer werkeln an ihren Booten herum. Die ersten Flaneure schlendern die Promenade entlang. Die alten Männer haben bereits Posten auf ihren angestammten Bänken bezogen, um zu schwatzen und das Strandleben zu beobachten. Ein tiefer Frieden liegt über der *bahía*. Es ist Sonntag, und die meisten Bewohner der Hauptstadt schlafen sich noch aus.

Das südliche Ende des Hafenviertels Santa Catalina, das von zwei Seiten vom Atlantik begrenzt wird, geht in die Ciudad Jardín mit dem Parque Doramas über. Direkt an dieser grünen Lunge der Hauptstadt liegt das Traditionshotel Santa Catalina, seit 1904 die erste Adresse von Las Palmas. In der ehrwürdigen Herberge im kolonialen Stil wohnen nicht nur solvente Privatreisende, sondern auch allerlei Prominenz und Staatsgäste. Stilvoller als hier kann man in Las Palmas nicht absteigen. Direkt gegenüber, im Pueblo Canario, sind die ersten Besucher eingetroffen. Das im Stil eines kanarischen Gutshofes gebaute Ensemble ist allsonntäglich Schauplatz einer sehr geschätzten kostenlosen Folkloredarbietung der Gruppe San Cristóbal.

Unter den Zuschauern, die sich, lange bevor die Show beginnt, bereits eingefunden haben, ist auch eine Dame aus Ljubljana, die von sich sagt, sie sei »vermutlich die einzige slowenische Touristin auf der Insel, die nicht in den Hotelanlagen im Süden, sondern lieber direkt in Las Palmas wohnt«. Sonne und Strand sind für Marusja weit weniger wichtig als Kirchen und Kultur, Galerien und Theater. Marusja mag mit ihrem scheußlich-schönen Sonnenhütchen samt Socken und Sandalen zu großgeblümtem Sommerkleid wie die Inkarnation einer Pauschaltouristin wirken. Wenn sie den Mund aufmacht, verfliegt der Eindruck sofort. Sie spricht ein lupenreines Spanisch und schwatzt mit den Einheimischen wie mit alten Bekannten.

Unterdessen hat sich der kleine Platz im Pueblo Canario mit Menschen gefüllt. Musikanten und Sänger nehmen ihre Positionen ein, Volkslieder erklingen und Paare in Trachten beginnen, sich in munterem Reigen zu drehen. Fasziniert beobachtet das Publikum die Darbietung. Solosängerin María Felipe Sosa ist die Chefin des bereits seit 1963 existierenden ehrenamtlichen Vereins zur Pflege der Inseltraditionen. Drei Dutzend Mitglieder hat die Gruppe heute, Jung und Alt sind mit Begeisterung dabei. Man ist bereits fast überall auf der iberischen Halbinsel sowie an vielen Orten Europas und sogar in Südamerika aufgetreten, erzählt Señora Sosa stolz. Sie ist besonders berührt davon, dass nicht nur jede Menge Touristen die Show besuchen, sondern auch viele *canariones*, wie die Einwohner Gran Canarias heißen, um die alten Lieder zu hören und die Tänzer zu bewundern. In der Tracht aus Leinen und Wolle fühlt sich María ebenso wie ihr Kollege Juan-Ángel pudelwohl. »Man trägt sie ganz selbstverständlich, wie andere Klamotten auch«, versichert die Hüterin der Traditionen. Im benachbarten Parque Doramas, benannt nach einem Guanchen-Häuptling, ergeht man sich nach der Folklore-Show im Grünen, genießt die Kühle, die von den Fontänen der Wasserbecken ausgeht, während die Kinder im Sonntagsstaat spielen und tollen.

Nicht weit entfernt, schon zum Viertel Triana gehörend, liegt der Parque San Telmo. Das kleine Café im Jugendstil-Kiosk hat draußen Tische im Schatten hoher Bäume stehen. Am Sonntag sind die Stühle gut besetzt, und mit Muße genießt man hier den *café con leche* oder einen erfrischenden Drink. Triana ist das traditionelle Geschäftsviertel von Las Palmas. Doch am Wochenende geht es hier beschaulich zu. Durch die Calle Peregrina mit ihren alten Kanarenhäusern schlendern die Spaziergänger, an der Plaza Hurtado de Mendoza mit ihrem Schildkrötenbrunnen ruht man auf Bänken aus und liest die Zeitung.

Die Terrassen der Bars und Cafés an der benachbarten Plaza de Cairasco mit dem weiß leuchtenden Prunkbau des Gabinete Literario sind gut besetzt. Das erste Theater der Insel dient heute als Kulturhaus für Ausstellungen und Lesungen sowie als Treffpunkt für Kunstinteressierte. Nur die Geschäfte in der Calle Mayor de Triana sind geschlossen, die lebhafte Einkaufsmeile scheint im Siesta-Schlaf zu liegen.

Am nächsten Morgen ist alles anders. Die Calle Mayor mit ihren Jugendstilfassaden und Kugellampen ist erwacht und hat sich belebt. Die Läden haben geöffnet, der Menschenstrom nimmt kein Ende. Nur die Senioren und Touristen haben Zeit, müßig auf den Bänken vor Trendshops wie »Zara« oder »Mango« zu sitzen als seien sie Zuschauer, die ein Theaterstück verfolgen. Bereits 1908 schrieb der Arzt und Dichter Tomás Morales über die Calle Mayor de Triana: »Der Hauptstadt breite, reiche und fleißige Arterie in prachtvoller Erscheinung«.

Auch im weiter nördlich gelegenen Parque Santa Catalina, dessen Beete und Bäume sich in der Glasfassade des benachbarten Wissenschaftsmuseums spiegeln, sind die alten Herren schon bei Domino und Kartenspiel versammelt. Schuhputzer Francisco ist hier seit dreißig Jahren tätig, drei Euro kostet es heute, die Treter mit professionellem Geschick putzen und polieren zu lassen. Doch die Geschäfte gehen längst nicht mehr so gut wie einst, als noch vierzig Kollegen hier ein Auskommen fanden, indem sie die Fußbekleidung der Passanten auf Hochglanz brachten. »Heute haben die Leute billige Treter an, die zu pflegen sich nicht mehr zu lohnen scheint. Oder sie laufen in Flip-Flops herum, an denen es eben nichts zu putzen gibt«, erzählt Francisco.

Zeit für eine Pause beim Pflastertreten? Am schönsten sitzt man direkt am Park im Café Gran Terraza Lolita, benannt nach der 1987 verstorbenen Lolita Pluma. Dolores Rivero Hernández hieß das stadtbekannte Original mit bürgerlichem Namen. In exzentrischer Aufmachung mit »einem Kilo Karmin auf den Lippen«, wie es in einem Lied der Gruppe »Los Gofiones« über die einstige Königin der Grünanlage heißt, war sie früher täglich hier anwesend, verkaufte Kaugummi an die Flaneure und fütterte mit dem Erlös eine Schar von Katzen, ihre treue Entourage. Nun steht Lolita als Bronzefigur mitten im Park. Lebensgroß, aber ohne Sockel, direkt auf dem Pflaster, volksnah wie einst. Zwei ihrer Lieblingskatzen sind mit dabei, die metallenen Rücken von Kinderhänden zu blankem Glanz gestreichelt. Fast glaubt man, die »Seele des Parks« noch immer sprechen zu hören, wenn man dem Gezwitscher der Vögel in den Bäumen lauscht.

Ganz und gar museal gibt sich die Vegueta, die Altstadt von Las Palmas, von der UNESCO zum Weltkulturerbe der Menschheit geadelt. Hier gründeten die spanischen Eroberer 1478 ihre erste Siedlung. Der mächtige Palmenhain, der sich am Barranco de Guiniguada erhob, gab dem Ort seinen Namen: Ciudad Real de las Palmas – Königliche Stadt der Palmen. Selbst an Werktagen liegt eine Stille über den Gassen, die man nirgendwo sonst im lebhaften Las Palmas findet. Sanft steigt die Plaza de Santa Ana vor der mächtigen gleichnamigen Kathedrale an. Direkt gegenüber der Hauptkirche liegt das alte Rathaus Casa Consistorial, weltliche und religiöse Macht in trauter Nachbarschaft. Nur ein paar Schritte sind es von hier zur noch idyllischeren Plaza del Espíritu Santo mit einem Plätscherbrunnen aus schwarzem Basalt und einer Kapelle.

Südlich der Kathedrale ist der Autoverkehr längst aus den Gassen verbannt, und der Spaziergänger kann in Ruhe die Schönheiten der Altstadt entdecken, etwa die mit prachtvollen Holzbalkonen prunkende Calle de los Balcones. Ungekrönte Königin aller malerischen Vegueta-Ecken aber ist die Plaza del Pilar Nuevo samt reich verziertem Renaissance-Portal der Casa de Colón mit Museum und Bibliothek. Geht man um die Ecke, steht man unversehens vor der Ermita de San Antonio Abad, dem ersten von den spanischen Eroberern erbauten Gotteshaus, wo Kolumbus vor der Amerikafahrt gebetet haben soll. Ein paar Schritte weiter, im Colegio de Abogados lässt man uns freundlich ein, um den herrlichen Patio zu betrachten, einen doppelten Innenhof sogar, dessen einen Teil man jedoch überdacht und so in einen Sitzungssaal umgewandelt hat. Wahrlich stilvoll residieren noch heute die Herren Advokaten in diesem hochherrschaftlichen Anwesen.

Ein Katzensprung auf der Autobahn ist es von der steinernen Idylle der Vegueta hinaus in die schönste Oase der Hauptstadt. Der Jardín Canario erstreckt sich unweit der Universität bei Tafira Alta über ein riesiges Terrain. Wer den oberen Eingang wählt, sieht von einem Aussichtsbalkon das gesamte Gelände mit seinen mehr als vierhundertfünfzig endemischen Pflanzenarten ein. Ein Wanderweg führt an der Bergflanke hinunter zu Wasserfällen und Kakteengärten, in den Palmenhain und den Lorbeerwald, wo Spinnweben wie feinstes Spitzengewebe in den Zweigen hängen.

Ein paar Touristen verlieren sich fast in dem weitläufigen Garten. Wo sind die Einwohner von Las Palmas? Sie sind inzwischen offenbar alle an der Playa de Las Canteras versammelt. Kaum ein Quadratmeter Sand am langen Strand, der nicht mit Handtüchern belegt ist. Der Nachmittag verklingt bunt und laut am Saum der See.

Das Feuer brennt noch immer unter der Erde

Lanzarotes sperrige Schönheit zieht Künstler und Literaten an

»Am ersten Tag des Monats September zwischen neun und zehn Uhr abends brach plötzlich die Erde auf. Nahe Timanfaya erhob sich ein Berg aus dem Schoß der Erde, von dessen Spitze Flammen aufschossen, die während der folgenden neunzehn Tage unaufhörlich weiterbrannten. Wenige Tage später öffnete sich ein neuer Schlund. Die Lava breitete sich nun auch nach Norden aus, anfangs sprudelnd und schnell wie laufendes Wasser, dann schwer und zäh wie Honig.« Im Jahr 1730 protokolliert der Gemeindepfarrer von Yaiza, Don Andrés Lorenzo Curbelo, jenes Weltuntergangsszenario, das sich im Süden der Insel Lanzarote abspielt. Zu einer Zeit, da die Landbevölkerung kaum des Lesens und Schreibens kundig ist, werden seine Aufzeichnungen zum wichtigsten Dokument über eine der gewaltigsten Vulkaneruptionen, die es auf Erden gegebenen hat. Unentwegt bebt die Erde, reißen Krater auf, überziehen neue Lavaströme die Felder und Gärten der Vega, des einst fruchtbarsten Gebiets der Insel. Giftige Dämpfe lassen noch kilometerweit entfernt das Vieh auf den Weiden verenden. Fast ein Dutzend Ortschaften wird unter der Lavaschicht verschüttet. Eine riesige Zunge glühenden Magmas schiebt sich weit ins Meer hinaus. Unmengen toter Fische und anderer Meerestiere werden danach an die Strände der Insel gespült. Fünfzehn Monate lang protokolliert der Geistliche immer neue Explosionen, Erdstöße, Feuersäulen und Rauchwolken, dann gibt er die Rolle des Chronisten auf und verschifft sich wie viele seiner Gemeindemitglieder nach Gran Canaria. Bis dahin waren die Bewohner bei Androhung von Strafe gezwungen worden, auf der Insel auszuharren. Das furchterregende Wüten der Natur geht über Jahre. Erst im April 1736 enden die Eruptionen. In einem abschließenden Bericht über die Katastrophe notiert ein Ratsherr der Hauptstadt Teguise: »Die Erde ist unfähig, Brot zu geben, nicht ein Blatt wächst für das Vieh, alles ist verschüttet und verloren. Nur der Sturm aus Wasser, Wind und Feuer hat überdauert und dazu das unaufhörliche Zittern der Erde.«

Wo sich einst das apokalyptische Schreckensszenario abspielte, findet sich seit 1974 der Nationalpark Timanfaya. Die emblematische Landschaft der »Feuerberge« Montañas del Fuego ist Lanzarotes wichtigste touristische Sehenswürdigkeit. In Schwarz und Ziegelrot changieren Kuppen und Kegel aus geronnener Lava. Die Erde erscheint hier unwirtlich wie der Mond. Und als sei die Gefahr noch immer allgegenwärtig, darf niemand in diesem Gebiet frei herumstreifen. Die Besucher werden zu einem Parkplatz gelotst, dann müssen sie in Busse umsteigen, die einen Parcours von vierzehn Kilometern durch die erhabene Leere der Kraterlandschaft abfahren. Erstarrte Lavaflüsse, vulkanische Zylinder, Kamine und Blasen, bizarre Kegel und Schründe wechseln sich ab.

Doch nur auf den ersten Blick erscheint diese Mondlandschaft ohne Vegetation. Rund einhundertachtzig Arten von Flechten wuchern auf der noch jungen Lava, dünn und halb transparent wie Raureif überziehen sie die Hänge in Grauweiß, Fahlgrün und Zinnoberrot. Nur im »Tal der Ruhe«, einer weiten Senke mit feinem Lapilli-Schotter, haben sich erste Büsche in den Boden gekrallt, deren Blätter vor dem rostroten Glühen der zwei Dutzend Krater in seltsam übertriebenem Grün leuchten. Dramatische Musikuntermalungen und die vielsprachige Übersetzung der Aufzeichnungen des Seelsorgers von Yaiza begleiten die Tour.

Wenn die Besucher den Bus wieder verlassen haben, dürfen sie am Islote de Hilario fühlen, dass das Feuer noch immer unter der Erde glimmt. Männer in den Uniformen des Nationalparks geben den Urlaubern Steinchen in die Hand, die nur einen Spatenstich unter der Erdoberfläche so heiß sind, dass man sie sofort fallen lassen muss. Trockenes Buschwerk entzündet sich in einer Senke zu hoch auflodernden Flammen. Wasser, das in Schächte gegossen wird, schießt Sekunden später als kochender Geysir in die Luft. Über einem Erdschacht liegt das Grillgut der Köche des Restaurants El Diablo. In nur sechs Metern Tiefe findet sich vor dem »Gasthof des Teufels« eine Temperatur von rund vierhundert Grad. Der Fürst der Finsternis hat wahrlich gut eingeheizt.

Außer der obligaten Bustour gibt es nur wenige Möglichkeiten, sich den Feuerbergen zu nähern. Nicht weit vom Eingang des Parks wird ein Kamelritt angeboten. Massen von Touristen absolvieren den lächerlich kurzen Parcours von vielleicht dreihundert Metern, dann werden sie zurück in die Busse gescheucht. Anders als dieses Abfertigungszentrum für Schnappschüsse der exotischen Art präsentieren sich die geführten Wanderungen, die vom Museum und Besucherzentrum im nahen Mancha Blanca angeboten werden. Es gibt die Ruta de Tremesana, eine kurze Tour von rund einer Stunde, sowie eine längere, anspruchsvolle Wanderung, die als Ruta del Litoral um die Feuerberge herum an der Küste entlang führt, wo die Lavaströme wie schorfige Zungen bis in den Atlantik hineinreichen.

Über dreihundert Krater weist Lanzarote insgesamt auf, nicht nur in den Feuerbergen haben darum die Launen der Natur Spektakuläres geschaffen. El Golfo im Südwesten etwa ist ein weiteres Kuriosum. Von dem einst gewaltigen Krater hat der Atlantik eine gute Hälfte herausgebrochen und in seine Fluten gerissen. Zurückgeblieben ist der steile schwefelgelbe Halbmond der hinteren Abbruchkante und, exakt der Form folgend, die jadegrün schimmernde Sichel eines extrem salzigen Sees im einstigen Schlot, nur durch einen Streifen schwarzen Strandes vom kobaltblauen Ozean getrennt, der hier mit furiosem Impetus auf das Ufer rennt. Im groben Sand finden sich reiskorngroße Halbedelsteine zuhauf, grüner Olivin, der hier statt Muscheln gesammelt wird.

Im Jahr 1336 sticht der Genueser Seefahrer Lancelotto Malocello im Auftrag der portugiesischen Krone in See, um die westafrikanische Küste jenseits des gefürchteten Kap Bojador zu erkunden, und landet stattdessen auf der nordöstlichsten der kanarischen Inseln. Dort findet er nur heidnische »Wilde« vor und lässt das Eiland darum auf der Weltkarte als »Insula de Lanzarotus Marocelus« auf seinen lateinisierten Namen eintragen. 1402 wird die Insel von dem im Auftrag der kastilischen Krone agierenden normannischen Adligen Jean de Béthencourt erobert. Eine päpstliche Bulle segnet den »Kreuzzug« gegen die vermutlich von afrikanischen Berberstämmen abstammenden Ureinwohner ab. Ende des 15. Jahrhunderts erhält Spanien nach einem päpstlichen Schiedsspruch endgültig die Kanarischen Inseln zugesprochen, während Portugal die Kapverden und Madeira zugeschlagen werden.

Jean de Béthencourt landete seinerzeit an der Punta de Papagayo im Südosten Lanzarotes, in jenen stillen flaschengrünen Buchten, die oft mit karibischen Stränden verglichen werden und vom gleichen goldhellen Sand gesäumt werden, der sich auf dem benachbarten Fuerteventura findet. Die Buchten der Punta de Papagayo gelten als die schönsten Strände der Insel.

Noch immer ist das inzwischen unter Naturschutz stehende Gebiet unbebaut und, sofern man nicht von Playa Blanca hierher wandert oder sich mit einem Schiff übersetzen lässt, nur über eine gute Viertelstunde Fahrt auf ruppigen Schotterpisten erreichbar. Seit einigen Jahren endet die Tour vor einer Schranke, an der man einen Wegzoll von wenigen Euro zu entrichten hat, der als Eintritt ins Naturschutzgebiet deklariert ist. Auf riesigen improvisierten Parkplätzen stehen die Leihwagen in Hundertschaften, und an den Wochenenden, wenn auch die Einheimischen Sonne und Strand genießen wollen, kann es eng werden an den insgesamt sieben Strandabschnitten. Zu Ostern campieren hier Tausende von *lanzaroteños*, um das Ende der kalten Jahreszeit zu feiern, die mit dicken Jacken und warmen Stiefeln beharrlich als ernsthafter Winter definiert wird, auch wenn die Urlauber die Kanaren gern als »Inseln des ewigen Frühlings« bezeichnen.

Im Rücken der Playas de Papagayo erhebt sich schroff der Atalaya de Femés, an dessen Kante das winzige Dorf Femés klebt. Hier hat Rafael Arozarena seinen Roman »Mararía« angesiedelt, der das Lanzarote der vierziger Jahre des 20. Jahrhunderts beschreibt. »Femés ist ein Dorf des Orients, mit den Winden aus Afrika auf die Insel gelangt, mit dem Sand der Sahara, Korn für Korn, nach und nach … Es kann natürlich auch eine Fata Morgana sein.«

Femés ist der schönste Ort der Insel, um den Sonnenuntergang zu beobachten. Von der Felskante nahe der Dorfkirche schweift der Blick über die im Abendlicht rot glühende Ebene des Rubicón und das winzige, unbewohnte Eiland Lobos bis nach Fuerteventura.

Jede Insel pflegt einen Schutzpatron zu haben, aber Lanzarote musste sich dabei nicht allein auf lang verstorbene Heilige und Märtyrer verlassen. Neben der schmerzensreichen Jungfrau, die vor dem Weiler Tinguatón einst die Lavaströme angehalten haben soll, hat die Insel auch in jüngster Vergangenheit, zu Beginn ihrer touristischen Entwicklung vor etwa vierzig Jahren, in dem Künstler César Manrique eine Art Schutzheiligen gefunden. Manrique, der 1919 in der Inselhauptstadt Arrecife geboren wurde, kehrte nach dem Studium in Madrid und verschiedenen Auslandsaufenthalten in seine Heimat zurück. Ihm ist es vor allem zu verdanken, dass in der gemeinhin unbekümmert Beton klotzenden Sturm- und Drangzeit des Massentourismus auf Lanzarote manche »Sünde« verhütet wurde. Er setzte gemeinsam mit einem Lokalpolitiker durch, dass keine Reklametafeln die Insel verschandeln, keine Überlandleitungen mit Masten und Drähten die Landschaft überspannen – die Stromkabel wurden konsequent unter der Erde verlegt. Manrique kämpfte ferner erfolgreich gegen die Konstruktion von Hochhäusern. Die einzige Ausnahme, das ehemalige »Gran Hotel« von Arrecife, das sich lange als ausgebrannter Kasten wie ein mahnender Zeigefinger in den Himmel streckte und inzwischen nach Sanierung als Bürogebäude dient, wurde während seines dreijährigen Aufenthalts in New York hochgezogen. Manrique, der international schneller zu Ruhm und Anerkennung fand als in seiner spanischen Heimat, ist heute weit weniger für seine Gemälde und Keramiken berühmt als für das »Gesamtkunstwerk Lanzarote«, an dem er mit ungebrochenem Elan gewerkelt hat, bis er 1992, nur wenige Meter von der damals neu gegründeten Fundación Manrique entfernt, bei einem Autounfall tödlich verunglückte.

Überall auf der Insel hat César Manrique seine gestalterischen Spuren hinterlassen, ohne die Lanzarote heute um zahlreiche touristische Attraktionen ärmer wäre. Unübersehbar stehen an Kreuzungen und Kreiseln seine zuweilen grellbunten Windspiele, weithin sichtbare Markierungspunkte auf der überschaubaren Insel, die man in wenig mehr als einer Stunde auf gut ausgebauten Straßen durchmessen kann. Auch das 1999 durch einen spektakulären Neubau abgelöste Flughafengebäude trug seine Handschrift. Er entwarf das Restaurante El Diablo in den Feuerbergen ebenso wie das den fleißigen Inselbauern gewidmete Monumento al Campesino in der Inselmitte. Aus der ehemaligen Festung Castillo de San José in Arrecife machte er ein herausragendes Museum für moderne Kunst. Er ließ nahe der Opuntienfelder im Norden in einem alten Steinbruch einen Kakteenpark anlegen. In die steil aufragende Felskante des Risco de Famara setzte er das Aussichtsrestaurant Mirador del Río, das wie das Auge eines Riesen aus der Bergwand auf das benachbarte Eiland La Graciosa schaut. Neben dem Mirador ist das unterirdische Wunder »Jameos del Agua« sein spektakulärstes Werk. Das von den Ausbrüchen des Vulkans Monte Corona hinterlassene, fast sechs Kilometer lange Höhlen- und Blasensystem reicht bis in den Ozean. Als Manrique Ende der Sechziger auf seine Insel zurückkommt, wird das größte der Gewölbe als Abfallgrube genutzt. Heute findet sich in der Cueva de los Verdes ein klarer See mit einer weltweit einzigartigen blinden Krebsart. Sphärenmusik erklingt unter der Felskuppel. Selbst die Kellner der Bar flüstern in diesem fast rituellen Ambiente. Wer am anderen Ende wieder ans Licht steigt, wird geblendet vom Kontrast eines grellweißen, künstlich angelegten Pools, in dem das Wasser in stechendem Türkis schimmert, als wäre es eingefärbt. Auch das ehemalige Privathaus, nur ein paar Schritte von der Stelle, wo Manrique den Tod fand, ist zu besichtigen. Heute dient das Anwesen als Museum und Sitz der Fundación César Manrique.

Innerhalb des letzten Vierteljahrhunderts hat sich die Zahl der Touristen auf Lanzarote verzweihundertfacht. Mehr als eineinhalb Millionen ausländische Urlauber zieht die Insel inzwischen alljährlich an. Manrique hat sich dieser Entwicklung nicht verschlossen, er wollte sie vielmehr beeinflussen und hat selbst an einem Luxushotel und einem Appartementkomplex mitgewirkt. Ebenso hat er durchgesetzt, dass die traditionelle Bauweise mit den gekalkten, kubistisch anmutenden Häusern erhalten blieb. In den ehemaligen Bauerndörfern haben die Bauten sattgrüne Fensterläden und Türen, an der Küste, wo einst die Fischer wohnten, sind sie in leuchtendem Blau gestrichen, als gelte es, die Farbe des Ozeans zu spiegeln. Traditionelle, gewachsenen Orte, wie das Dorf Yaiza im Süden oder die ehemalige Inselhauptstadt Teguise weiter nördlich, prunken mit sorgsam restaurierten historischen Gebäuden, strahlen vornehme atlantische Zurückhaltung aus.

Oberhalb von Teguise thront auf einem Hügel das Castillo de Santa Bárbara, einst Fluchtburg der

Bevölkerung bei Piratenüberfällen. In den dicken Mauern ist heute ein Museum der Emigration eingezogen, das eindrucksvoll zeigt, wie das Dasein auf einer Insel ohne natürliche Quellen oder Flüsse über Jahrhunderte nur die Abwanderung in die Neue Welt als Alternative zu bitterer Armut übrig ließ. Wie etwa 1768, als die schlimmste Dürre in der Geschichte des Eilands ganze Großfamilien zwang, auf den Nachbarinseln oder in Südamerika eine neue Existenz zu gründen, wenn sie nicht schlicht verdursten wollten. Alberto Vázquez-Figueroa beschreibt in seinem Werk »Océano« eindringlich die bedrohliche Abhängigkeit der Insulaner von den Launen der Natur. Jede Wolke am Himmel über der ausgezehrten Insel erschien wie ein Hoffnungszeichen, ein Versprechen auf den erlösenden Regen, dessen lebensspendendes Nass man in Zisternen auffing. Vázquez-Figueroa war es auch, der Lanzarote ob seiner archaischen Landschaft mit einer Nabelschnur verglich, »die die Erde mit dem Mond verbindet«.

Heute ist Lanzarote weit eher eine Einwandererinsel, und ihre Nabelschnur ist vor allem der Flughafen mit seinem kühl-ästhetisierenden Empfangsgebäude, der die längst nicht mehr abgeschottete Insel mit dem Rest der Welt verbindet.

Hier kommen sie alle an. Die Urlauber auf der Flucht vor dem nebelgrauen heimatlichen Winter, die Aussteiger, die sich in esoterisch angehauchten Landkommunen sammeln, die zivilisationsmüden Großstädter aus Mittel- und Nordeuropa, die hier Ruhe und neue Kraft zu finden hoffen. Allerlei bildende Künstler und Schriftsteller haben auf Lanzarote eine kreative Zuflucht gefunden, darunter der auf der Insel im Sommer 2010 hochbetagt verstorbene portugiesische Autor und Nobelpreisträger José Saramago.

»Der Unterschied, den ich zwischen Tahiti und den Kanarischen Inseln machte, war so gering wie der zwischen Preußischblau und Ultramarin«, lässt Rafael Arozarena jenen durch eine Laune auf die Insel gekommenen Landarzt Fermín López die blanke Sehnsucht nach einem Leben in der Ferne in Worte fassen. Schon beim Landeanflug muss man an Arozarena denken, der Lanzarote mit einem Kamel verglich, »das ertrunken im Atlantik treibt«, den die Topografie der Insel an die »harte, schäbige Haut eines toten Tieres« erinnerte.

Lanzarotes drei touristische Zentren wirken aus der Luft wie seltsame Ansammlungen von Strandgut in tarnfarbener Ödnis. Für die erste Urlauberhochburg musste man zunächst einen neuen Namen finden. Das ehemalige Fischerdorf mit den langen Sandstränden nur wenige Kilometer südlich der Hauptstadt Arrecife trug vor dreißig Jahren den wenig klangvollen Namen La Tiñosa, was so viel wie schäbig, knausrig oder gar grindig bedeutet. Der Ort wurde umbenannt in Puerto del Carmen, der Bauboom begann. Das war kurz nach 1970, als an Begriffe wie »landestypisch« noch kein Gedanke verschwendet wurde, kein Küstengesetz Abstand von den Stränden verlangte und keine Öko-Gruppen sich gegen das Zubetonieren der Landschaft stemmten. Ein Hotel aus der Frühzeit der touristischen Entwicklung nannte César Manrique, der in seiner Jugend zu den Gefolgsleuten Francos zählte, einen »Faschistenbunker, wie ihn nicht einmal Hitler erbaut hätte.«

Bei den später gebauten Ferienanlagen wie an der Costa Teguise oder in Playa Blanca, das noch vor zwei Generationen nichts weiter als ein Fischerdorf mit zwei Dutzend Katen war, ging man bereits mit mehr Bedacht an die Planungen. Und trotz des Bemühens um eine einigermaßen landestypische Architektur kommt einem hier wie überall in solchen Zentren angesichts der Aneinanderreihung von Souvenirläden, Supermärkten, Autoverleihern und Kneipen eine seltsame Verdrossenheit an. Doch längst hat man sich auf Lanzarote auch auf eine anspruchsvollere Kundschaft eingestellt. Kleinere Reiseveranstalter bieten weniger konfektionierte Unterkünfte an, von der urigen Finca bis zur Villa mit Garten im Manrique-Stil, die sich zwischen Lavaschollen versteckt.

»Es war eine Straße, die der Sonne, der Erde, den Hunden, den grünen Fliegen, den flachen Häusern und dem Himmel, dem großen blauen Himmel gehörte. An ihrem Ende, auf der rechten Seite dösten drei Männer. Sie hockten auf dem Boden, den Rücken gegen die Wand eines weißen Hauses gelehnt. Ein weißes Haus mit grüner Tür und grünen Fenstern«, erzählt Arozarena vom archaischen Leben auf Lanzarote, als es noch keine Touristen und keine Betriebsamkeit gab und man sich allein mit den Gewalten der Natur und archaischen Eifersuchtsdramen auseinanderzusetzen hatte, die die klaustrophobische Enge der dörflichen Gemeinschaften wie Gift verseuchten.

Juán, von Beruf Funker wie der Protagonist aus »Mararía«, hat das unstete Leben an Bord großer Frachter aufgegeben und ist auf der heimatlichen Insel sesshaft geworden. Er koordiniert den Flugverkehr auf dem Airport, der nur ein paar Autominuten von dem weißen Haus mit den grünen Läden an der Durchgangsstraße von Mácher entfernt liegt, wo Juán geboren wurde und noch immer lebt. Juán ist weit herumgekommen, und er hat nichts gegen die Fremden, die auf seiner Insel die Sonne suchen und den von den Bauern ersehnten Regen verfluchen. »Aber was zu viel ist, ist zu viel«, sagt Juán. Und dass Lanzarote nicht noch mehr Leihwagen, Feriensiedlungen, Einkaufszentren und sonstige Segnungen verkraften kann. Und dass wir uns eilen müssen, um nicht zu spät zum Abendessen in Playa Blanca anzukommen. »Wenn du nach sieben Uhr abends kommst, wirst du nicht mehr gut bedient. Die Kellner warten schon auf den Feierabend. Und das in Spanien, wo man sehr spät zu essen pflegt. Wir haben unseren Rhythmus umstellen müssen«, sagt er und begrüßt seinen Freund Pedro, dessen Restaurant als die beste Fischkneipe der Insel gilt.

»Wir *lanzaroteños* sind sozusagen in den Untergrund gegangen«, sagt Juán, »wir feiern unsere Feste am liebsten auf irgendeinem privaten Gehöft oder in der eigenen Bodega im Keller, wo kein Fremder mit seiner Kamera hinfindet.« Dort spielt er zusammen mit ein paar Freunden die Timple, eine sehr kleine Gitarre, die das wichtigste Instrument der folkloristischen Musik bildet. Mitten in der einstigen Inselhauptstadt Teguise widmet sich Estebán Morales, genannt Juanele, noch immer dem traditionellen Bau dieser Instrumente.

Je weiter man sich vom Trubel und den Zerstreuungen der touristischen Zentren entfernt, desto eher spürt man den Reiz dieser fast vegetationslosen Insel. Lanzarote erscheint auf seltsame Art gestaltet. Die wenigen jettschwarzen Felder mit Linsen, Süßkartoffeln, Melonen und den in Reih und Glied stehenden Zwiebelpflanzen. Die aufgeräumten Weiler im Landesinneren mit ihren stets frisch geschlämmten Kirchen und sorgsam angelegten Grünanlagen. Die akkurat in gleichmäßigen Abständen zum Trocknen auf die Leine geklammerten Fische vor der düster-dunklen Felswand von Órzola. Die immer neuen Farben, in denen sich die Strände zeigen, mal mit blendend hellem, mal mit kaffeebraunem, gelbem oder tiefschwarzem Sand.

Bei La Geria reihen sich endlos die künstlich angelegten Trichter mit Lapilli-Schotter, die den Tau der Nacht als einzige Bewässerung für die Weinreben speichern. Jede Lavamulde mit der einzeln stehenden Rebpflanze wird von einer gekrümmten Bruchsteinmauer aus Basaltbrocken vor dem Nordostpassat geschützt. Für diese aus der Not geborene, mühevolle Landschaftsgestaltung haben die Bauern Lanzarotes vom New Yorker Museum of Modern Art einen Preis für »Engineering without engineers« erhalten.

Nicht nur in Literaturklassikern ist das verstörend schöne Kanareneiland beschrieben worden, sondern auch von modernen Autoren wie Michel Houellebecq, der sein Lanzarote-Erlebnis mit der Zufälligkeit einer spontanen Last-Minute-Buchung beginnen lässt: »Am 14. Dezember 1999 wurde mir mitten am Nachmittag auf einmal klar, dass mein Weihnachtsfest wahrscheinlich ein Reinfall würde … Ich bog nach rechts in die Avenue Félix-Faure und betrat das erstbeste Reisebüro.«

Tausende von Reisenden tun es dem Autor gleich. Das Konto mit den restlichen Urlaubstagen im Kopf, surfen sie an einem nasskalten Wochenende durch das Internet auf der Suche nach einem Fluchtpunkt unter Palmen. Hauptsache weg, raus aus dem Alltag und seinen Zumutungen. Das Paradies auf Zeit kann viele Namen haben. Aber mit Lanzarote trifft man keine schlechte Wahl.

Alles an dieser Insel erscheint künstlich, wie ein Entwurf oder eine Inszenierung. Die strapazierten Sinne des Reisenden schöpfen Kraft an der Reduktion des Wahrnehmbaren: das weiße Häusergewürfel, vereinzelte Palmen oder Kakteen, die düsteren Erdtöne der archaischen Landschaft, über der der Abendhimmel in Halbedelsteinfarben verglüht. Niemand hat die sperrige Schönheit dieser Insel, »die glücklich ist, wenn ihr Disteln, Gräser und Dornbüsche sprießen«, besser beschrieben als Rafael Arozarena in seinem Roman »Mararía«: »Daher wusste ich bereits, als ich von Bord ging, dass mein Fuß nicht in grünen Farnteppichen versinken würde … Die Sonne berührte jetzt den Saum der Hügel, und die Ebene leuchtete rot, lodernd wie von Feuer. Der Himmel verfärbte sich gelblich, beinfarben, und die

Berge begannen schwarz zu werden. Unendlicher Friede lag über dem Horizont, vom Meer stieg eine leichte Brise auf, lau und salzig. Die Insel starb einen sanften Tod, langsam, ähnlich einem lebenden Wesen, als ob sie sich die Venen durchgetrennt hätte.«

Die Heimstatt der Düsternis – das Nazi-Anwesen im Nirgendwo

Um die Villa Winter auf Fuerteventura ranken sich viele Gerüchte und Legenden

Ganz im Süden Fuerteventuras, auf der Peninsula de Jandía, teilt ein schroffes Gebirge die Halbinsel. Auf der Nordseite des Gebirgszuges liegen nur wenige Kilometer zwischen dem über achthundert Meter hohen Höhenzug und der Playa de Cofete, auf die sich der Atlantik mit gewaltigen glasgrünen Brechern wirft. Der goldgelbe Sandstrand sieht einladend aus, aber das Baden ist hier lebensgefährlich. Die Sonne sucht man an vielen Tagen vergebens. Oft genug bleiben die Wolken an den Gipfeln von Jandía und Fraile hängen und verschatten die Landschaft. Der Wind rast den Abhang hinunter und bläst die Schaumkronen der Brandung ablandig dem Horizont entgegen.

Cofete, der einzige Ort weit und breit, rund zwanzig Kilometer auf ungeteerter Piste von Morro Jable entfernt, besteht aus einer Ansammlung windschiefer Hütten mit brummelndem Generator. In diesem unwirtlichen Flecken Land, der als Kulisse eines Film noir dienen könnte, ragt auf halber Strecke zwischen Meer und Gebirge ein riesiges zweistöckiges Anwesen im Zustand fortschreitenden Verfalls auf: die Villa Winter. Ein massiver

Rundturm hält Wache wie bei einer Burg. Er darf wegen Baufälligkeit schon lange nicht mehr betreten werden, aber das erfährt man erst später. Die Piste zum Haus ist in so schlechtem Zustand, dass man sie nur mit einem Jeep befahren könnte. Also stellt man den Wagen am Wegrand ab und geht zu Fuß hinauf. Ziegenglöckchen bimmeln. Ein Mann melkt die Tiere, grüßt zurück. Ja, man dürfe einen Blick in die Villa werfen.

Das rostige Gittertor steht offen. Der Eingang dahinter wurde bereits einmal mit Hohlblocksteinen zugemauert, dann wieder aufgebrochen, um eine grob gezimmerte Tür einzulassen. Im Innenhof, vor den ewigen Böen geschützt, wachsen Bananenbäume. Die beiden Hunde Morena und Terrible springen einem entgegen. Sie bellen viel, aber beißen nicht. Eine Taube sitzt gurrend auf einem Balken, der reich beschnitzt in der Form einer Krokodilschnauze unter dem Dach hervorspringt.

Dann erst sieht man die alte Frau unter den Arkaden sitzen, in Kleidern, die so abgetragen sind wie die einer Greisin in einem bitterarmen Drittweltland. Um den Kopf trägt sie ein Tuch. Ihre Bluse ist purpurrot, aber zerschlissen und vorn mit einer Sicherheitsnadel zusammengehalten. Vor sehr langer Zeit muss Rosa eine Schönheit gewesen sein. Ihr charaktervolles, wunderbar proportioniertes Gesicht verrät es noch immer. Die Linse des rechten Auges ist trüb, aber die ganze Gestalt strahlt Würde aus.

Man muss die Stimme etwas heben, um mit Doña Rosa zu sprechen. Niemand weiß, wie alt Rosa Mato Viera ist, am wenigstens sie selbst. »Siebzig und irgendwas«, meint sie. Jedenfalls hat sie hier schon gelebt, als der von Einheimischen »Don Gustavo« genannte Deutsche sich das Anwesen errichten ließ und Rosa als Mädchen für alles einstellte.

»No tenia nada de bueno«, sagt Señora Rosa über ihren einstigen Brotherren, was heißt, dass nichts Gutes an diesem Menschen zu finden war. Der deutsche Ingenieur Gustav Winter, 1892 in Neustadt am Titisee geboren, lebte seit 1915 in Spanien und pachtete 1937 praktisch die gesamte Halbinsel Jandía. Was er mit dem riesigen Terrain im Süden Fuerteventuras wollte, weiß bis heute niemand genau. Winter war bereits 1926 am Bau eines Elektrizitätswerks in Gran Canaria beteiligt gewesen und soll später in einem deutschen Marinestützpunkt im besetzten Frankreich unabkömmlich gewesen sein.

1947 kehrt er zurück nach Fuerteventura, um sich mit Francos Gnaden in der Zucht von Schafen und Ziegen sowie dem Anbau von Tomaten zu versuchen. Das tat er recht erfolgreich und gegenüber den örtlichen Landarbeitern, laut den Aussagen Einheimischer, zugleich gnadenlos ausbeuterisch.

Um die »sagenumwobene« Villa Winter gibt es jede Menge Gerüchte. Tatsache ist, dass heute niemand mehr weiß, wann genau sie errichtet wurde. Klar ist nur, dass das Anwesen nie ganz fertig wurde und dass Don Gustavo hier niemals gewohnt hat, sondern auf der anderen Seite des Gebirgszugs in Morro Jable, unweit der Kapelle des Dorfes, das heute ein Touristenzentrum ist. Wer Rosa und ihrem Bruder Pepe erlaubt hat, samt Hunden und Ziegen ihren Lebensabend an diesem kalten und zugigen

Ort zu verbringen, ist ebenso unklar wie praktisch alle weiteren Geschichten, die sich um die Villa Winter ranken. Gern kolportiert wird, dass Winter hier einen U-Boot-Stützpunkt für Nazi-Deutschland plante. Ebenso existiert die Version, die Villa sei als eine Art Alterssitz für Adolf Hitler errichtet worden, falls der Krieg verloren werden und der »Führer« einen Fluchtort brauchen sollte.

Die Höhlen an der Küste, in denen angeblich der U-Boot-Stützpunkt angelegt werden sollte, sind längst gesprengt. Das Flugfeld im gerölligen Hinterland des langen Strandes von Cofete wurde den meisten Quellen zufolge erst nach dem Zweiten Weltkrieg gebaut, bald jedoch schon zugunsten des Flughafens bei der Inselhauptstadt aufgegeben. Und die Villa selbst wurde laut einem Interview, das Gustav Winter einst dem *Stern* gab, überhaupt erst 1958 errichtet. Heute soll das Anwesen einem spanischen Baukonsortium gehören.

1962 jedenfalls gehen zweitausenddreihundert Hektar des auf der Halbinsel Jandía gepachteten Landes als »Entschädigung für die Erschließung« in den Besitz der Familie Winter über, die das Terrain später mit dem einsetzenden Tourismusboom auf Fuerteventura höchst lukrativ wieder veräußert haben soll.

Gustav Winter stirbt 1971 auf Gran Canaria. Zu den Vorgängen rund um die Villa hat er sich nach dem einzigen jemals gegebenen Interview nie wieder geäußert.

Die Villa Winter ist kein Museum und nicht offiziell für das Publikum geöffnet. Wer aber Rosa und

Pepe einen Obolus in die Hand drückt und freundlich fragt, ob er sich umsehen dürfe, wird nicht abgewiesen. Im einstigen Salon, einem großzügig dimensionierten Raum mit Kamin, steht ein Feldbett, als wartete es auf einen Gast, der zu beherbergen wäre. Auf einem alten Tisch liegen Kartoffeln und Zwiebeln. Wie eine Kunstinstallation mutet die Ansammlung von quietschrosa Tetrapacktüten mit haltbarer Milch an, die das Interieur vervollständigt. Das Kaminzimmer dient heute als Speisekammer des betagten Geschwisterpaars. In einer Ecke des Raumes sind riesige Batterien eingebaut. Sie tragen die eingestanzte Aufschrift »VEB Grubenlampen und Akkumulatorenwerke Zwickau/DDR«.

»Era un pajaro«, sagt Rosa zum Abschied über ihren einstigen Brotherren und meint, dass der Deutsche mit dem kantigen Kinn ein Galgenvogel gewesen sei.

Pepe überreicht eine Handvoll Bananen aus dem Innenhof-Gärtchen. Die Hunde Morena und Terrible begleiten die Besucher noch ein Stück des Weges nach unten. Die Namen der Tiere bedeuten »braun« und »schrecklich«. Ob ihren Haltern der Hintersinn solcher Benennung bekannt ist?

Beim Blick zurück vom Auto sieht man Rosa als sehr kleine Figur in roter Bluse auf der Terrasse der Villa sitzen. Sie schaut auf den Strand von Cofete und das nimmermüde Toben der Wellen auf dem goldgelben Sand. Dann rutscht eine Wolkenwand den Gebirgszug hinunter, verschluckt die Landschaft samt der Villa Winter und ihren betagten Wächtern. Nur die Hunde kläffen noch aus nebligem Grau.

Du kommst hier nicht rauf!

Der höchste Berg Spaniens lässt sich nicht leicht bezwingen. Doch der Nationalpark am Fuß des Teide ist ein Wunder für sich

»Der Mensch muss das Gute und Große wollen«, protokollierte Alexander von Humboldt, als er Teneriffa verließ. Es war das triumphale Resümee seines Inselbesuchs, den er mit der Besteigung des Teide krönte. Man schrieb das Jahr 1799, und der gigantische Vulkankegel im Zentrum der Insel wurde noch mit seinem alten Guanchen-Namen »Echeyde« bezeichnet. Das bedeutet so viel wie Höllenschlund, denn der Gipfel galt den Ureinwohnern als Heimstatt des bösen Dämonen Guayota. Ein heikler Ort also, zumal erst im Jahr zuvor glühendes Magma aus den »Nasenlöchern« eines Seitengipfels des Teide gequollen war. Aber Humboldt wollte da hoch, erforschte allerlei und war begeistert von der Exkursion – auch wenn ihm die Dämpfe des Teide-Kraters Löcher in die Klamotten brannten.

So schlimm war es bei uns nicht. Gut, der Vulkan müffelte wie eine Stinkbombe, schmauchte Schwefel, vernebelte einem die Sinne. Ohnehin ist die Erinnerung verwittert wie das Lavagestein, denn unser erster Gipfelsturm liegt lange zurück. Das Wesentliche: Nachmittags sind wir damals aufgebrochen, hinauf zur Berghütte Refugio de Altavista, auf gerölligen Pfaden einen Fuß vor den anderen setzend. Die Nacht in der bescheidenen Herberge, die man vor ihrer Renovierung in den Jahren 2006–2007 eher ein steinernes Biwak nennen konnte, war kurz.

Drei Stunden vor Sonnenaufgang muss man nämlich das *refugio* verlassen, wenn man den magischen Moment auf dem Gipfel erleben will. Gerade als es uns unter den Decken richtig kalt wurde, brachen wir schon wieder auf. Der Wind aus Nordost war eisig. Dauernd rutschte Geröll unter den Bergstiefeln weg. Alles war lose, bröckelnd, unstet. Kurz vor dem Ziel zogen Schwefeldünste aus gelben, wie eitrig verkrusteten Spalten und machten das Atmen in der dünnen Luft noch schwerer. Uns wurde speiübel. Der Gipfel kam ganz plötzlich – kein letzter jäher Fels, sondern ein mickriger Krater von wenigen Metern Durchmesser.

Aber der Blick war überirdisch: der gesamte Archipel der Kanarischen Inseln im Blau des Atlantik gefasst, jede Insel ein Juwel und dabei klein wie Jim Knopfs Lummerland, jedenfalls von diesem Berg aus gesehen, der nur einen Meter weniger als der Fuji misst und sich nicht minder dekorativ ausnimmt. Wir hatten den König der Kanaren bezwungen, schnauften und staunten. Auf dem Rückweg rollte der Lavaschotter noch tückischer unter den Füßen als beim Aufstieg.

Der Pico del Teide macht es einem nicht leicht. Inzwischen braucht man sogar eine schriftliche Genehmigung, um auf seinen Gipfel zu gelangen. Das Datum ist festgelegt, ein Zwei-Stunden-Zeitfenster für den Aufenthalt auf seinem Dach exakt limitiert.

Aber einmal soll es noch sein. Wir haben das *permiso* mit der Nummer 8086 vom Ministerio del Medio Ambiente. Wir haben zwei Tage an unseren Urlaub auf der Nachbarinsel angehängt und einen Flug hinüber nach Teneriffa gebucht, um dem Gipfel die Ehre zu erweisen. In strahlender Sonne fliegen wir von La Palma ab. Und landen schlingernd in Wasserlachen, bei strömendem Regen auf dem Aeropuerto de Tenerife Norte bei Los Rodeos. Die Sicht auf der Straße hinauf ins Hochland ist gleich Null. Die Fahrt ist eine Höllentour: Windböen, Nebelschwaden, Sturzbäche auf dem Asphalt und abgerutschte Bankette.

Urplötzlich ist alles anders. Kurz hinter dem Mirador de Chipeque reißt der Himmel auf. Die Piste dampft in der Sonne. Die Wasserlachen darauf blinken wie Spiegel. An den Kiefernnadeln glänzen die Regentropfen wie Brillanten. Und unter uns liegt ein watteweiches weißes Meer, das schon Humboldt voller Staunen beschrieben hatte – die an den Hängen des Hochlands in einer Höhe von tausend bis fünfzehnhundert Metern gestauten Passatwolken. Im Gegenlicht wirkt der Teide wie ein bläulich kalter Riese, obgleich er kaum Schnee auf dem Gipfel trägt. Der Sommer hat ihm das Haupt verbrannt. Und die Pelzmütze setzt er sich wohl erst in ein paar Wochen wieder auf, wenn der Winter einbricht.

Es wird heiß hinter den Autoscheiben und erfrischend-kühl, sobald man den Wagen verlässt. Fast zwei Dutzend Spaziergänge und Wandertouren, im deutschsprachigen Prospekt »Reisen« genannt, sind im Parque Nacional del Teide ausgewiesen. Sie reichen vom kurzen Abstecher per pedes zum nächsten Aussichtspunkt über kommode Rundwege für die ganze Familie bis hin zu anspruchsvollen Touren von neun Stunden durch die Gesteinswüste der riesigen Hochebene. Von Kupferadern durchzogene türkise Felsen sieht der Wanderer, dann schweflig gelbe Gesteinsschichten, anderswo rosa Findlinge oder schrundig schwarze Brocken aus Obsidian, die wie Skulpturen aussehen. Manchmal ist das vulkanische Material ockerfarben und nur erbsengroß, dann wieder liegt Stricklava in rostrote Haufen gegossen, die wie Kuhfladen wirken. Niemand darf im Park etwas zurücklassen, niemand etwas mitnehmen, das ist eherne Regel. Nur einmal im Jahr wird das Gebot durchbrochen, wenn die in allen Farben schimmernden Steinchen für den pastellbunten Fronleichnamsteppich in La Oratava gesammelt werden. Anderswo mögen Blumen gestreut werden; hier spendiert der Vulkan die steinerne Auslegeware fürs Gotteslob. Die Bergflora des Hochlands aber bleibt unangetastet, denn sie ist spärlich, dafür aber umso prächtiger: rote Natternköpfe etwa, die wie Altarkerzen aufragen, oder der weiß-rosa Teideginster mit einem Duft so süß wie Jasmin.

Las Cañadas del Teide heißt die Hochebene am Fuß des Berges. Bis 1954, als der Park gegründet wurde, gab es hier noch Hirten und »Eismänner«, die aus schattigen Spalten Blöcke brachen, damit die Fischer an der Küste den Fang kühl halten konnten. Das alles kann man in den beiden Besucherzentren in Cañada Blanca und El Portillo erfahren. Oder man läuft einfach los. Weil der Nachmittag sich schon neigt, wählen wir den Rundweg um die rosenroten Felsen der Roques de García, zwei Stunden bei flottem Ausschreiten, weniger als zweihundert Meter Höhendifferenz, ein Spaziergang fast. Die späte Sonne lässt das Schlackengekröse am Pico Viejo leuchten, als sei der Boden noch immer am Glühen. Der Vulkan Chinyero brach zuletzt vor gut hundert Jahren aus. »1909 war das«, erzählt Bergführerin Dominique Bodin später beim Treffen im *parador*, der staatlichen Herberge, die hier stehen darf, weil sie schon vor der Deklaration des Nationalparks existierte und als heimeliges Berghotel ohnehin das Auge nicht beleidigt. Am Teide selbst, so warnt Dominique, herrscht »Alarmstufe Orange«, was heißt, dass der Beinahe-Viertausender bald wieder ausbrechen könnte.

Im Augenblick aber bricht kalt der Abend herein. Schnell zurück zur Straße also, die dem Rückgrat der Insel folgt und mitten durch den Park führt, der keinen Eintritt kostet. An manchen Tagen fahren die Leihwagen hier ab dem späten Vormittag in einer einzigen Kolonne. Doch wegen des schlechten Wetters, das den ganzen Tag tobte, ist kaum jemand unterwegs. Wir haben die Hochebene fast für uns allein. Ein Glücksfall, denn dies ist der meistbesuchte Nationalpark Spaniens. Drei Millionen Besucher zählt er jährlich. Mit seinen fast neunzehntausend Hektar umfasst er das gigantische Plateau der Cañadas, aus dem sich jäh der höchste Berg Spaniens drückt. Dreitausendsiebenhundertachtzehn Meter ragt der Teide auf, dominiert die Szenerie, ist von weiten Teilen der Insel, oft sogar von den benachbarten Eilanden aus sichtbar: Ein majestätischer Riese, der gegen eine Gebühr von fünfundzwanzig Euro selbst halbnackten Badeurlaubern in Flip-Flops und Shorts erlaubt, sich per Seilbahn bis auf dreitausendfünfhundertfünfundfünfzig Meter Höhe aufzuschwingen und bibbernd vor Kälte den Panoramablick kurz zu fassen. Doch höher hinauf als zur Bergstation La Rambleta dürfen die Strandlatschen-Bergstürmer nicht. Wie ein Zerberus wacht ein Nationalpark-Ranger als Gipfel-Türsteher über den Zugang zur letzten Etappe.

Vor dem Zubettgehen gehen wir noch einmal kurz hinaus. Die Sterne funkeln grell in der reinen Bergluft. Kein Lufthauch geht. Das ist die Ruhe vor dem Sturm, sagt der Rezeptionist, der vor der Tür steht, um eine Zigarette zu rauchen.

Gegen Morgen holt uns das Geheul des Windes aus dem Schlaf. Die Böen werfen Stühle auf der Terrasse um, reißen unvorsichtig aussteigenden Fahrern die Autotüren fast aus der Angel. Der Schweizer Ingenieur, der die Bergbahn von Zeit zu Zeit überprüft, holt sich mit Mühe ein Buch aus seinem Wagen. »Hundertfünfzig Stundenkilometer sind oben an der Bergstation soeben gemessen worden«, berichtet er. Die Seilbahn wird den ganzen Tag nicht fahren. Der Teide zerrt sich Wolken zur Tarnung über den Gipfel und zerreißt sie Sekunden später in tobsüchtiger Wut. Kaum ein Urlauberauto ist im Nationalpark unterwegs. Das Hochland wirkt so unwirtlich wie der Mond. Wir geben auf und fahren zur Küste, wo der Regen tropisch warm vom Himmel strömt.

Als wir die Insel verlassen, ist der Himmel blitzblau. Ein Traumtag, um den Teide zu besteigen. Aber selbst wenn wir den Flug Hals über Kopf umbuchten, bekämen wir so schnell keine Gipfelgenehmigung mehr. Vom Parkplatz des Flughafens aus schauen wir noch einmal nach Norden. Wie gemeißelt steht der Berg über der Insel und grüßt zum Abschied mit kecker frischer Schneehaube, als wollte er sagen: Es ist zu spät, du kommst hier nicht rauf!

P. S. Zuletzt konnte man die Erlaubnis der Teide-Besteigung auch im Internet beantragen unter *www.reservasparquesnacionales.es*. Zudem durfte man vor neun Uhr morgens auch ohne eine Bewilligung auf den Gipfel, sofern man zuvor in der Berghütte Refugio de Altavista übernachtet hatte und eine abgestempelte Bestätigung der Herberge mit sich führte. Die Übernachtung in der Hütte (insgesamt sechzig Schlafplätze) musste vorab telefonisch reserviert werden. Weitere Informationen zum Bergerlebnis finden sich (auch auf Deutsch) unter *www.telefericoteide.com*.

Der Außenposten der Glückseligen

El Hierro, die westlichste der Kanarischen Inseln

Die Propellermaschine aus Teneriffa hat weniger als zwei Dutzend Sitzplätze, und der Flug zur Nachbarinsel El Hierro dauert kaum mehr als eine halbe Stunde. »Lufthafen der Krebse« nennt sich wörtlich übersetzt der winzige Airport der südwestlichsten der Kanarischen Inseln. Viel los ist auf dem Flughafen nicht. El Hierro ist ein rauer Flecken mit wenig fruchtbarer Erde und kaum Wasser. Die Kiefern und Zedern im Hochland »melken« sich die Feuchtigkeit mit ihren Nadeln aus den Passatwolken. Der heilige Baum »Arbol Santo« soll die Wolken so reichlich ausgekämmt haben, dass sich zu seinen Füßen ein Teich bildete, der die Menschen Jahrhunderte lang mit frischem Nass versorgte. Das gewaltige Lorbeergewächs bei San Andrés wurde 1610 Opfer eines Wirbelsturms. Doch die *herreños*, wie sich die Inselbewohner nennen, pflanzten einen neuen Wunderbaum, der bis heute die Besucher anzieht.

Isla Olvidada, die vergessene Insel, lautet einer der Beinamen El Hierros. Manchmal, wie an der Punta de la Bonanza, glaubt man, eher an einem norwegischen Fjord als auf einer Insel vor Westafrika zu sein. In tiefem Grünblau schimmert das Wasser in der Bucht, aus der sich ein bizarr geformtes Felsentor drückt.

Der in südlicher Richtung verlaufende Küstenstreifen nennt sich euphemistisch Las Playas, obwohl der Strand nur aus schweren Basaltbrocken besteht. Die Felswand dahinter rückt immer näher. Wo die Straße endet, erhebt sich der staatliche Parador Nacional de Turismo wie ein Beweis, dass man auch am Ende der Welt auf eine gediegene Herberge hoffen darf. Es ist nicht schwer, dort ein Zimmer zu bekommen, denn El Hierro ist alles andere als überlaufen. Die rund zweihundertsiebzig Quadratkilometer große Insel ist für den Massentourismus schlicht ungeeignet.

Lange Sandstrände? Fehlanzeige! Fast überall findet sich eine felsenschroffe Küste mit steinigsteilen Ufern. Nur an der Playa del Verodal dehnt sich ein Streifen weicher Sand. Aber der Ozean mit seinen tückischen Unterströmungen brandet oft genug mit solcher Macht an, dass man sich besser nur in den auslaufenden Wellen erfrischt. Dennoch kann man auf El Hierro herrlich im Atlantikwasser baden, in den zahlreichen Felsenpools, *charcos* nämlich, natürlichen Meerwasser-Schwimmbecken, die rund um die Insel verteilt sind. Am Wochenende trifft man hier die *herreños* mit Kind und Kegel beim Picknicken und Planschen. Oder man schwimmt im tief eingeschnittenen Fjord des Fischerdorfs Tamaduste, das gleich neben dem Flughafen liegt. Von Fluglärm wird man dabei kaum gestört. Chartermaschinen aus dem Ausland landen hier sowieso nicht, und selbst die Verbindung zur Nachbarinsel La Palma wurde eingestellt. Direkte Flüge gibt es nur noch nach Teneriffa-Nord oder Gran Canaria.

Eine Autofähre verbindet das Eiland zudem mit dem Süden Teneriffas.

Valverde, die einzige kanarische Inselhauptstadt, die nicht an der Küste liegt, ist ein charmantes Städtchen mit schöner Pfarrkirche und einem rührenden Volkskundemuseum. Und natürlich muss man die berühmten Käsetörtchen von Adrian Gutierrez probiert haben. »La Auténtica Quesadilla« nennt sich der Laden, in dem es die süßen Verführungen gibt.

Zur weit geschwungenen Bucht von El Golfo ist es von Valverde aus ein Katzensprung, seit sich die *herreños* einen gut ausgebauten Tunnel geleistet haben, um die steilen Felsen zu durchqueren. Kurz hinter dem Tunnel geht es zum »Lagartorio«, der Aufzuchtstation der nur auf El Hierro vorhandenen kanarischen Rieseneidechsen, die vor Jahrzehnten noch als ausgestorben galten. Dann fing ein Hirte einige Exemplare ein, aus denen nun neue Echsen gezüchtet und ausgewildert werden. Einen guten halben Meter können die urzeitlich anmutenden Tiere vom Kopf bis zum Schwanz messen.

»Die Glückseligen« wurden die Kanarischen Inseln einst genannt, und El Hierro, das wie selbstvergessen als Außenposten im Atlantik ruht, scheint es noch immer zu sein. Kein einziger großer Hotelkomplex erhebt sich auf der Insel. Stattdessen findet sich, neben etlichen charmanten Privatquartieren, das im Guinnessbuch eingetragene »kleinste Hotel der Welt«. Ganze vier Zimmer hat das Punta Grande. Es liegt im Weiler Las Puntas in Sichtweite der vorgelagerten Felseninsel Roque de Salmor, wo die Rieseneidechsen ausgewildert werden. So findet auf El Hierro jeder seinen Platz.

Näher am Meer als im Punta Grande kann man nicht wohnen. Wie eine Trutzburg direkt ans Wasser gebaut, schießt die Brandung davor zuweilen hoch auf, sprüht Gischt gegen die Fenster, als wollten die Wellen das winzige *hotelito* wegputzen, das sich so nah an die Kante des Ozeans gewagt hat.

Es ist, als forderten die Elemente El Hierro immer wieder heraus. Auf der Hochebene im Westen kämpft der Wind gegen die Sabinar-Bäume. Wie bucklige Riesen stehen die auch Sade-Bäume genannten Wacholderzedern in der steppenartigen Landschaft. Die Madonna in der Einsiedelei Santuario de Nuestra Señora de los Reyes wacht darüber, dass kein Sturm die Bäume ausreißt. Ein Mann kommt aus der Kapelle und erklärt mit freundlichem Lächeln, man solle sich das Abschließen des Autos doch ersparen. Nicht einmal die Haustüren würden auf El Hierro bei Abwesenheit verriegelt.

Für die Besucher ihrer von der UNESCO zum Biosphärenreservat ernannten Insel haben die *herreños* überall herrlich gelegene Aussichtsterrassen gebaut. *Miradores* nennen sich diese Panoramapunkte, von denen sich spektakuläre Blicke auf Berge und Küsten auftun. Der schönste Ausguck ist der Mirador de la Peña oberhalb von El Golfo, geschaffen vom kanarischen Künstler César Manrique. Im Restaurant aus Lavagestein mit riesigen Glasfronten kann man sich frischen Atlantikfisch schmecken lassen.

Von der einstigen Bedeutung Hierros kündet

der einsam im Westen gelegene Leuchtturm Faro de Orchilla, wo bis zum Ende des 19. Jahrhunderts der Nullmeridian verlief, bevor er nach Greenwich verlegt wurde. Am 3. Oktober 1493 trug Kolumbus auf seiner zweiten Amerikafahrt ins Logbuch ein: »Punta de Orchilla – das letzte Zeichen der europäischen Welt.« Jeder Besucher, der den einst von Ptolemäus definierten Punkt erreicht und dies vor der Abreise im Flughafen der Dame von der Touristeninformation glaubhaft versichert, erhält ein schmuckes Diplom mit Datum, Unterschrift und Siegel für diese Leistung.

Angie, Capitano Claudio und die teuerste Cafeteria der Welt

La Gomera einst und heute

La Gomera vor einer Generation, in den Zeiten des handyfreien Hippietourismus: Wer die Bergwelt des Eilands erobern will, muss dies nach Pfadfinderart tun. Markierungen und Wegweiser gibt es praktisch keine. Vier Wanderer verirren sich heillos im Lorbeerwald. Es beginnt zu regnen, Nebel kommt auf, die Dämmerung fällt. Irgendwann sieht die Gruppe ein Licht. Ein hellrot leuchtendes dazu. Das diskret einsam gelegene Anwesen mit roter Laterne stellt sich als Inselbordell heraus. Dort aber sind Schlammschuhe und Waldläufer wenig willkommen. Das Telefonat nach einem Taxi wird glatt verweigert. Und die Gruppe tappt weiter tapfer durch die Nacht.

Dreißig Jahre später ist alles anders. Das Hurenhaus La Carbonera gibt es nicht mehr. Die versammelte Frauenwelt von Hermigua hat es eines schönen Tages kurz und klein geschlagen. Verlaufen ist auf La Gomera auch fast unmöglich geworden. Die Wanderwege sind penibel markiert, und Wegweiser finden sich auf Schritt und Tritt. Die Inselverwaltung Cabildo de La Gomera hat sogar eine kostenlose »Mapa de Senderismo«, also Wanderkarte, drucken lassen, die überall erhältlich ist. Insgesamt zwanzig Trekkingtouren sind darin verzeichnet, nach Schwierigkeitsgraden von ein bis drei Sternen eingeordnet, Gehzeiten sowie Höhenmeter auf und ab exakt ausgewiesen. Recht so! Denn La Gomera ist keine Badeinsel. Allenfalls ein paar Buchten mit einer Mischung aus schwarzem Sand und Basaltbrocken bieten Zugang zum rauen Atlantik. Der Nationalpark Garajonay wurde 1986 von der UNESCO zum Weltkulturerbe erklärt und dehnt sich über die gesamte Inselmitte aus. Heute sind hier allerdings kaum noch Hippies in Sandalen unterwegs, sondern vor allem Best Ager in Funktionsklamotten und Bergstiefeln.

La Gomera vor einer Generation: Man wohnte in spartanischen Privatquartieren im Valle Gran Rey, dem »Tal des großen Königs«, das man kurzerhand zum *valle* abkürzte. In der »Schweinebucht« hinter dem Hafen kreisten die Joints, wurde getrommelt und geflötet. An der Playa del Inglés machte die Guardia Civil Jagd auf blanke Busen. Hinterm Strand residierte der deutsche Zahnarzt Müller und machte mangels Konkurrenz sämtlichen Inselsenioren Gebisse. Es gab keinen Bankautomaten und nur eine einzige Wechselstube. Als sich die Kassiererin eines Tages mit dem Umtauschkurs verrechnete und stundenlang viel zu viele Peseten für die DM-Scheine herausgab, machte das Malheur am Abend in den Kneipen die Runde. Die ewig klammen Alternativtouristen standen am Tag darauf Schlange, um das Geld zurückzugeben. Am »Baby-Beach« hatte ein Fischer ausgediente Kabeltrommeln als Tische aufgestellt und servierte fangfrisches Meeresgetier.

Die Teller waren so beladen, dass man sie nur zu zweit leer essen konnte. Bei María gab es für eine Handvoll Peseten zum Sonnenuntergang den Campari auf wackligen hölzernen Klappstühlen.

Die Casa María gibt es immer noch, aber eine seidenglatt asphaltierte Straße schneidet ihr den direkten Zugang zum Strand ab und die Getränkepreise haben beinahe mitteleuropäisches Niveau. Überall im *valle* sind Appartements und Boutique-Hotels entstanden. Aber nach wie vor ist der Hafen mit seinem kleinen Sandstrand der beste Platz zum Schwimmen.

Nur einen Steinwurf entfernt liegt die Redaktion des *Valle-Boten*. Der Untertitel erklärt, worum es geht: »Das ultimative Insel-Magazin. Unabhängig. Überparteilich. Abgedreht«. Capitano Claudio ist der Herausgeber der seit 1992 erscheinenden deutschsprachigen Publikation. Claus Heinrichs heißt er mit bürgerlichem Namen, kam 1985 als Segler nach La Gomera und blieb hier hängen. Das professionell gemachte Inselmagazin erscheint zum Preis von zwei Euro fünfzig oder fünf Kaurimuscheln etwa vierteljährlich. Auf den ersten Blick scheint es an beteiligten Journalisten nicht zu mangeln. Professor Herbert Scheuermann ist für die Wissenschaft zuständig. Eva-Maria Hurrlemann-Spiegelberg kümmert sich um Frauenthemen. Señor Erwin Kaczmarek »erklärt dich die Insel«. Hinter allen Namen steckt niemand anderes als Capitano Claudio höchstselbst, der Mann mit dem schlohweißen Haar, der Touristen nur raten kann: »Nicht den Alemanotten heraushängen lassen!«

Wenn gerade nichts los ist in seinem Laden, sitzt Capitano Claudio gegenüber in der Bar bei Kaffee und Kippe. In Sachen Inselgeschichten ist er der beste Fundus überhaupt. Wie die vom »Kolumbushaus« am Hafen. Der Erbauer hatte die letzten Meter zum Hafenweg nicht mitgekauft, weil er sicher war, dass auf dem knappen Streifen niemand mehr etwas hochziehen würde. Es kam anders. Drei Meter vor den Balkons ragte bald ein anderes Gebäude auf, und der »Gomera 2000«-Appartementkomplex war wertlos geworden. Sein Bauherr bekam einen Herzinfarkt.

Das kann Claus Heinrichs alias Capitano Claudio so bald nicht passieren. Er ist mittlerweile über siebzig, aber gut in Form vom täglichen Schwimmen nach dem Mittagessen mit seiner spanischen Frau. Wenn er sich abreagieren muss, haut er in die Tastatur. Und er ist ein begnadeter Schreiber. Vor nichts und niemandem macht sein Spott halt. Auch nicht vor lokalen Größen wie der Reederfamilie Olsen, die ihren Reichtum darauf begründet, dass sie einst bettelarme Insulaner als Auswanderer nach Südamerika schipperte und ihnen zur Finanzierung der Passage für billig Geld die Grundstücke abkaufte. So jedenfalls erklärt es der Capitano. Eines seiner Lieblingssujets ist Gomeras Flughafen, im Volksmund bekannt als »teuerste Cafeteria der Welt«.

La Gomera vor einer Generation: Wer hin wollte, landete mit dem Flieger in Teneriffa-Süd, nahm den Bus oder teilte sich ein Taxi für die Viertelstunde Fahrt zum Hafen von Los Cristianos, wo der Bananendampfer Richtung San Sebastián ablegte. Heute kommen die Touristen mit der Schnellfähre. Aber die Anreiseprozedur ist im Prinzip die gleiche geblieben, nämlich der Seeweg. Praktisch niemand reist über den Aeropuerto de La Gomera mit dem IATA-Kürzel GMZ an. Für Unsummen vor einigen Jahren in das Inselterrain gezwungen, heben hier gerade einmal vierzehn Flüge wöchentlich ab. Sie steuern ausnahmslos den Regionalflughafen Teneriffa-Nord an, weil die Start- und Landebahn für große Maschinen zu kurz ist. Es gibt inzwischen auch keine Fluglotsen mehr. Alles wird automatisch per AFIS-System abgewickelt, das hier erstmals in Spanien zum Einsatz kam.

Der Flughafen ist aber sehr schön. Er hat eine Fassade aus fein poliertem einheimischen Tosca-Stein und schwarzem Glas. Drinnen stehen Palmen in Kübeln, und ein maurisch anmutendes Brunnenbecken zieht sich als grelltürkiser Pool durch die klimatisierte Halle. Mittendrin findet sich die Cafeteria mit schicken cremeweißen Sesseln, von denen die wenigstens besetzt sind. Wer bei Sommerhitze einen ruhigen Platz zum Lesen oder Arbeiten sucht, ist hier an der richtigen Adresse. Sichere Parkplätze vor der Tür gibt es auch in großer Zahl. Draußen paradiert nämlich im Zeitlupenschritt ein Polizist. Drinnen erschrickt sich die Dame am Schalter, als sie ein auf Deutsch ausgedrucktes online-Ticket vor sich sieht. Niemand weiß so recht, wofür der stark defizitäre Flughafen gut ist.

Vielleicht hat ihn ja Angela Merkel benutzt, als sie im feinen Hotel Jardín Tecina in Playa de Santiago urlaubte. Denn La Gomera ist die Lieblingsinsel der deutschen Kanzlerin. »Angie« war erst kürzlich da, nur mit Ehegatten und zwei Bodyguards unterwegs zwischen Lorbeer, Erikabäumen und Riesenfarn. Was sie hier suchte? Nichts als Ruhe und Natur. Weite Teile des Eilands sind noch immer ohne Handyempfang.

Jungfrauen unterwegs

Auf La Palma wie auf El Hierro gehen Madonnen auf Wanderschaft

El Hierro ist bekanntlich eine kleine Insel. Nur etwa zehntausend Einwohner leben auf dem schroffen Eiland. Doch alle vier Jahre wird es von Besuchern regelrecht überflutet, anlässlich der Bajada de la Virgen nämlich. Dann sind bis zu dreißigtausend Menschen auf El Hierro, und kein einziges freies Bett ist mehr zu finden. Jeder will dabei sein, wenn die Madonna an einem heißen Julitag ihren Abstieg aus dem Gebirge zu den Gläubigen antritt. Die Sache ist ernst. Mitunter kommt es dabei zu handfesten Raufereien zwischen Dorfgemeinschaften ob der Frage, wie die Route der Prozession zu verlaufen habe.

Die »Jungfrau der Heiligen Drei Könige« kam einst übers Meer zu den *herreños*, an Bord eines Schiffes mitgeführt, das sich vor der Küste El Hierros so lange in den Wellen nicht vom Fleck bewegte, bis die Gottesmutter an Land gehen durfte. So jedenfalls erzählt es die Überlieferung. Daraufhin wurde die Madonna den Inselbewohnern als Geschenk übergeben, um fortan Regenwunder zu erwirken, wann immer eine Dürre eintrat.

Normalerweise lebt die babypuppengroße Virgen de los Reyes in ihrer *ermita* im Hochland, wo die Sabinar-Bäume vom Passatwind zu bizarren

Krüppeln gekrümmt werden. Alle vier Jahre aber wird die Jungfrau in einer feierlichen Prozession fast dreißig Kilometer weit über die Höhenzüge der Insel bis in das Hauptstädtchen Valverde geschleppt. Hirten in traditioneller Kluft führen den Marsch an, Volkstanzgruppen in Tracht drehen sich in anmutigem Reigen. In den Dörfern reihen sich die Heiligenfiguren aus den jeweiligen Pfarrkirchen in den frommen Zug ein. Unterwegs wird die Madonna auf Feldaltären abgesetzt, während die Gläubigen sich zum Gebet versammeln und anschließend gemeinsam picknicken, um neue Kraft für den langen Weg zu sammeln. Ist die Wanderung der Bajada de la Virgen vollbracht, wird gefeiert, was das Zeug hält. Schließlich sind alle Auslands-*Herreños* extra zu diesem Termin angereist und Familienmitglieder, die sich Jahre nicht gesehen haben, sind endlich einmal wieder vereint. Dann muss die Gottesmutter auf ebenso langem Marsch wieder zurück in ihre Bergeinsamkeit gebracht werden.

Doch auch auf der Nachbarinsel La Palma gibt es eine Bajada de la Virgen, die allerdings nicht alle vier, sondern alle fünf Jahre gefeiert wird, sodass die großen Ereignisse der beiden westlichsten Kanareninseln nur alle zwanzig Jahre terminlich dicht beieinanderliegen. Auch die »Heilige Jungfrau vom Schnee« von La Palma ist eine äußerst wundertätige Madonna, die bereits bei Heuschreckenplagen, Piratenüberfällen und Vulkanausbrüchen geholfen haben soll – letztere löschte sie einfach mit dichtem Schneefall. Ebenso wie auf El Hierro hat die Bajada auch auf La Palma eine lange Tradition. 1680 fand sie zum ersten Mal statt. Allerdings ist der Weg der Madonna in die Hauptstadt Santa Cruz hier nur vergleichsweise bescheidene fünf Kilometer lang. Die Wochen währenden Festlichkeiten zur Ehren der Gottesmutter sind aber mindestens so aufwendig und prachtvoll wie auf der Nachbarinsel: eine Mischung aus Volksfest und religiösem Ritual, karnevalesken Umzügen und überschäumender Lebensfreude. Viva la virgen!

»Mit Kartoffelbäcker geröstetes Ferkel«

Kanarisches Küchenlatein für Fortgeschrittene

Das kulinarische Vokabular des jeweiligen Urlaubslands ist nicht unbedingt jedem Reisenden vertraut. Es ist daher ein gastfreundlicher Brauch, Speisekarten ins Deutsche zu übersetzen. Gewisse orthografische Fehler oder eigenwillige Formulierungen sollten selbst notorische Besserwisser milde beurteilen. Denn die Beschreibung dessen, was die Küche zu kredenzen gedenkt, ist nicht immer einfach, besonders wenn Landestypisches auf der Karte steht, zu dem sich vielleicht nur schwer eine passende Benennung finden lässt. Aber wie gesagt: Der gute Wille zählt! Auch Spaniens *paradores* pflegen ihn. Überhaupt kann man die Häuser dieser staatlich geführten Kette nur wärmstens empfehlen. Viele von ihnen befinden sich in den ehrwürdigen Mauern uralter Burgen, Klöster oder Paläste. Andere Häuser sind weniger wegen ihrer historischen Adresse als vielmehr wegen ihrer landschaftlich superben Lage berühmt. Letzteres trifft auf den Parador Cañadas del Teide im Hochland von Teneriffa zu, ein behagliches Haus im Stil einer Mountain-Lodge am Fuß des höchsten Berges von Spanien. Draußen fegt der Wind furios über die Hochebene. Drinnen brennt ein Feuer im Kamin. Auf breiten Sofas schlürft man den Gin Tonic mit Blick auf die züngelnden Flammen. Aber der Aperitif macht hungrig. Dafür ist er ja gedacht. Wie in jedem *parador* ist auch hier in Teneriffa die Speisekarte, auf einem schmiedeeisernen Pult präsentiert, schon außerhalb des Speisesaals einsehbar, damit dem Gast das Wasser im Munde zusammenlaufe und er, schon bevor es Platz zum Essen zu nehmen gilt, mit dem einen oder anderen Gericht liebäugeln möge und ihm die Auswahl leichter falle. Bei der Übersetzung der Karte scheint man deshalb keine Mühe gescheut und einen Sprachartisten angeheuert zu haben. Oder der Mann hat am Fuß des gegenüber aufragenden Fast-Viertausenders schlicht und einfach an Höhenkoller gelitten. Die Karte jedenfalls empfiehlt vorneweg einen Herbstsalat an »Riechfläschchen aus Yoghurt«. Doch, die dreierlei Dressings aus dem gesunden Milchprodukt über den hübsch arrangierten frischen Blättern munden überaus apart. Auch das »Mit Kartoffelbäcker geröstete Ferkel« ist schmackhaft und eine gute Grundlage für den morgigen Gipfelsturm, auch wenn nur Erdäpfel und kein Bäcker als Beilage gereicht werden. Interessant erscheint auch das Gericht »Türkei stopfte sich mit Foie voll«. Der Begleiter bestellt die geheimnisvoll orientalisch anmutende Speise. Serviert wird eine üppige Portion Truthahn mit einer Füllung aus Stopfleber. Eine überaus gelungene Kombination übrigens. Am benachbarten Tisch rätselt inzwischen ein Schweizer Paar über den kulinarischen Vorschlägen. Ob wir wüssten, was mit den »kleberfreien Speisen« gemeint sein könnte?

Kreatives Assoziieren über die Tische hinweg bringt uns gemeinsam auf die richtige Spur: Hier ist auch glutenfreie Diätkost zu haben! Zum Abschluss der Mahlzeit lockt eine »Zusammenstellung des Kanarienvogels«, die sich als köstliches Arrangement diverser Inselkäse herausstellt. Eine Verkostung der »Vegetarischen Desserts« verschieben wir auf den nächsten Tag. Die Weinkarte ist übrigens leider nicht übersetzt.

Kein Respekt vor Gottes Finger

Alle Macht dem Atlantik: Im wilden Nordwesten Gran Canarias

Das Blau der See wetteifert mit dem Azur des Himmels. Die *panza del burro,* jene »Eselsbauch« genannte Wolkendecke, die im Hochsommer über der Hauptstadt Las Palmas hängt wie ein riesiges Sonnensegel, reicht nicht bis Puerto de las Nieves. Eine schroffe Steilküste liegt dem Hafenort gegenüber. Sein Wahrzeichen, der Dedo de Dios, ein Felsen in Form einer Hand mit ausgestrecktem Zeigefinger, ist vor ein paar Jahren bei einem schweren Sturm verstümmelt worden. Nicht einmal vor »Gottes Finger« hat der Atlantik Respekt. Heute atmet der Ozean mit ruhiger Dünung. Hinter dem Hafenbecken dösen Fischerhäuser mit blauen Fensterrahmen und Türen in der Sonne, sind aufgeputzt mit Dekorationen aus Netzen, Muscheln und Schwämmen.

Ricardo, ein alter Fischer mit wettergegerbtem Gesicht, steht am Ende des Kais in der Sonne und hält die Angel in den kristallklaren Atlantik. Eine frische Brise weht um diese Stunde, und Ricardo trägt eine dicke Jacke. »Der ewige Wind ist unsere Klimaanlage«, sagt der Seemann, »deshalb wird es auch im Sommer niemals zu heiß auf den Kanarischen Inseln.« Nur noch rund ein Dutzend professionelle Fischer gebe es im Ort, erzählt Ricardo. »Die jungen Leute wollen die harte Arbeit nicht mehr machen, haben keine Lust, sich ganze Nächte auf See um die Ohren zu schlagen und wochenlang ohne Verdienst zu sein, bis man endlich auf einen größeren Schwarm Fische trifft. »Manchmal aber, wenn das Glück uns lachte, haben wir in einer Nacht Millionen gemacht«, sagt sein Kollege Manolo, meint allerdings einen Betrag in den nicht mehr als Zahlungsmittel vorhandenen Peseten.

Boote laufen ein, kippen ihre silbrig aufblitzende Sardinenfracht in das mit Netzen abgesperrte »Gehege« im Hafen, wo die Fische bleiben, bis ein Käufer sie ordert. Nur einen Steinwurf vom Hafen entfernt findet sich die Kirche Ermita de Nuestra Señora de las Nieves. Blendend hell leuchtet ihre Fassade, gleißt in den Augen wie Schnee. Palmen umstehen die Kapelle, fächeln dem Haus der Madonna Luft zu. Die Sonne hat nun den Stumpf des Dedo de Dios erreicht. Ein Schwarm von Möwen sitzt darauf und badet im Licht.

Nur wenige Kilometer sind es von Puerto de las Nieves zum Barranco de Agaete. Das enge Tal präsentiert sich wie ein Garten Eden. Papayabäume breiten ihre schirmartigen Blätterdächer über Avocadoplantagen, Zitronenbäumchen und Kaffeesträucher. Im Winter leuchtet das Gras, das jetzt von der Sonne wie geröstet erscheint, in grellem Grün. Schön restaurierte *fincas* ducken sich unter hohen Palmen, lassen die türkisen Augen ihrer Swimmingpools aufglitzern. An Hausmauern ranken sich rosa, violette und gelborange Bougainvillea und tiefroter Hibiskus. Kurve um Kurve verengt sich das Tal. Die

Straße wird zur schmalen Forstpiste. Nach kurzer Holperfahrt ist der *mirador* erreicht, von dem aus man das ganze Tal mit seinen Terrassenfeldern und dunkelgrünen Wasserbecken im Blick hat. Etwas unterhalb liegt das einstige Thermalhotel. Seit seine Quellen nicht mehr genutzt werden, liegt das Haus in einer Art Dornröschenschlaf. Nur noch wenige Gäste finden hierher.

Der Barranco de Agaete ist eine Sackgasse. Man muss auf gleicher Straße zurück, wieder hinunter nach Agaete, dieser ganz ursprünglich und unverdorben gebliebenen kanarischen Kleinstadt. Anfang August wird hier die Fiesta de la Rama gefeiert, ein fröhliches Fest mit Tausenden von Menschen, das noch auf vorchristliche Ursprünge zurückgeht. Man zieht von hier aus hinunter nach Puerto de las Nieves und peitscht in dessen Bucht mit Zweigen das Wasser des Ozeans, um auf diese Art um Regen zu flehen. Vielleicht steht der Atlantik ja im Dialog mit den Passatwolken und richtet diesen die Bitte aus?

Schon Tage vor dem Fest ist Agaete geschmückt mit unzähligen bunten Wimpeln und Fähnchen, die an langen Schnüren über Straßen und Plätze gespannt sind und munter in der Brise flattern. Noch ist kaum ein Mensch auf der schönen *plaza* vor der Pfarrkirche, die in wenigen Tagen dicht bevölkert sein wird, wenn das Fest beginnt. Um den Kirchplatz herum finden sich gekalkte Häuser mit kanarischen Holzbalkonen, deren Lackierung wie Honig in der Sonne glänzt. Eine Treppengasse führt nach oben, über und über mit Blumentöpfen geschmückt. Señor Pedro tritt aus dem Haus, knipst hier und da eine verwelkte Blüte ab, schaut nach, ob die Erde in den Töpfen noch feucht genug ist. Er und seine Frau haben diese Gasse zu einem Garten gemacht und kümmern sich täglich mehrere Stunden um die Pracht. Pedro lädt uns ein, mit in sein Haus zu kommen, den Blick vom Balkon zu genießen, wo ein Dutzend Singvögel in Käfigen sitzt und tiriliert, als gelte es, die Siesta mit einem glanzvollen Konzert zu beenden.

Nördlich von Agaete schiebt sich die Punta Sardina mit ihren purpurroten Tuffsteinfelsen hinaus in den blauen Atlantik. Fischerboote dümpeln im Schutz der Hafenmauer. Krebse turnen über die Betonblöcke, die hinter der Mole wie Bauklötze eines Riesen ins Wasser gekippt sind und als Wellenbrecher dienen. Der Leuchtturm erhebt sich ein Stück außerhalb des Dorfes an exponiertem Punkt. Wild schäumen die Wellen um die Felsen. Wie Schneefelder blenden die Gischtseen das Auge, tosen über die Steine, ziehen sich zurück, kehren zurück und schleudern Algenfetzen über Basaltblöcke. Wenn der Ozean einen Augenblick ruht, Atem holt, um eine weitere Woge in perfekter Krümmung zu formen, leuchtet das Wasser in grellstem Türkis. Dann baut sich die nächste Welle auf und braust wütend auf das ihr Einhalt gebietende Ufer. Stundenlang könnte man am *faro* stehen, sich das Haar vom Wind strähnen lassen und zuschauen, wie der Ozean tobt und mit der Küste zu ringen scheint.

Die Straße, die von Agaete aus nach Süden führt, gilt als Traumroute der Insel und wird oft mit dem legendären Highway 1 an der kalifornischen Küste verglichen. In endlosen Kurven folgt die Chaussee den Launen der Topografie. Nahe dem Weiler Andén Verde liegt ein *mirador* mit Panoramablick über Säulenkakteen, Agaven und Flecken von Wildblumen, die wie hängende Gärten über dem kobaltblauen Atlantik schweben.

Nirgendwo zeigt sich Gran Canarias Küste so unberührt wie hier im wilden Westen. Noch weiter westlich, am Mirador El Balcón fällt die Küste fast senkrecht ab. Im Gegenlicht wirken die hintereinander gestaffelten Felsen wie eine Gruppe von Giganten, die sich ins Meer stürzen wollen. Krähen nutzen die Thermik an der steilen Wand für Flugübungen. Nichts ist zu hören, außer dem Sirren des Windes und einzelnen Vogelschreien. Der Ozean erscheint endlos, als wolle er verschmelzen mit Himmel und Horizont.

Liebeserklärung an La Palma

Auf den Kanaren kann jeder seine ganz persönliche Lieblingsinsel finden. Unsere heißt mit offiziellem Namen La Isla de San Miguel de la Palma

Es soll immer noch Leute geben, die La Palma nach flüchtigem Katalogstudium buchen und sich dann wundern, dass sie nicht in Palma de Mallorca oder in Las Palmas de Gran Canaria landen. »Aber nachher beschwert hat sich noch keiner«, sagt unsere Nachbarin, die in einem Reisebüro arbeitet. Wir buchen Ferienhaus und Leihwagen per Telefon. Bei Leuten, die schon seit drei Generationen auf der Isla Bonita, der »schönen Insel« leben. Es gibt nicht viel, was sie in der neuen Heimat vermissen. Außer Schokoladenosterhasen und Eierfarbe vielleicht. Als sie vor fünfzig Jahren aus gesundheitlichen Gründen von Berlin auf die Kanaren auswanderten, wollte der Leiter der Berliner Hauptpost kein Telegramm für ein Eiland annehmen, das seiner Kenntnis nach nicht existierte. Inzwischen gibt es seit mehr als zwanzig Jahren Direktflüge auf die Insel. Es ist geradezu ein Wunder, dass trotzdem manch einer gar nicht weiß, wo La Palma eigentlich liegt.

Wir fliegen vor Ostern mit vielen Schokohasen und Eierfärbetabletten los. Die erste Ration geht an die Autovermieterin, die am Flughafen wartet. Nach fünf Minuten drehen wir den Zündschlüssel des Leihwagens und rollen los. Der Cumbre entgegen, dem Scheidegebirge, das sich wie ein steinernes Rückgrat durch das grüne La Palma zieht. Nach weiteren zwei Minuten stellt unsere Großmutter mit Blick auf die vulkanischen Hänge wie jedes Mal fest: »Irgendwann rutscht das alles mal ins Meer ab.« Dann wissen wir, dass der Urlaub begonnen hat, und schrauben uns auf der von Wolken verhangenen Asphaltpiste den Kraterbergen entgegen, bis uns der große Tunnel verschluckt. Am Ende des Tunnels scheint eine Flamme zu lodern. Aber keine Feuersbrunst wartet auf uns. Es ist vielmehr die Sonne, die meistens nur im Westen scheint. Beim Blick in den Rückspiegel sehen wir, wie die Wolken als gigantischer wattiger Wasserfall auf den Hängen Rutschbahn fahren, bevor die Hitze sie aufzehrt. Wir müssen an der ersten Kneipe nach dem Tunnel halten, um Ziegenleber in scharfer roter Soße zu essen und ein Bier zu trinken. Nicht weil der Lkw-Fahrer-Stopp eine lauschige Bodega wäre, sondern einfach, weil wir das immer so tun und dann ganz sicher sind, dass wir angekommen sind. Und weil wir den ersten Blick auf das Haus noch ein wenig hinauszögern wollen. Wir sagen »unser Haus«, obwohl es sich ganz klar um ein Mietobjekt handelt, das wir nur einmal im Jahr für zwei Wochen bewohnen.

Wenn die Straße hinter Los Llanos der Küste zustrebt, meint man für einen Moment, die Piste führe direkt ins endlose Ozeanblau. Dann kommt doch eine Kurve und man sieht ganz weit entfernt das Haus als weißen Klecks auf schwarzem Lavagrund, drei Palmen als grüne Garnitur dazu und das matte Auge des noch ungefüllten Schwimmbeckens. Wenn wir endlich vor der blauen Eingangstür stehen, sind wir fast zu Tränen gerührt. Es ist alles so wie immer. Ein weißes Haus mit blauer Tür und blauen Fenstern. Eidechsen, die durch den Garten rasen, wenn unsere Schritte auf dem Lavakies knirschen. Der Schlüssel, den man nicht rechts, sondern links herum drehen muss. Als Erstes hängen wir den Wasserschlauch in den kleinen Pool.

Dann gehen wir unseren Urlaubsanimateur suchen. Die Tigerkatze Lira nämlich, die irgendwann beschlossen hat, dass sie zu diesem Haus gehört. Wenn die rotgestreifte Schöne endlich mit stolzem Gang zwischen Hibiskus und Tamarisken auftaucht, ist alles in Ordnung. Wir kaufen ihre Lieblingssorte Trockenfutter. Dafür gibt sie uns Unterricht im Faulsein oder liegt einfach neben uns, während wir die Bücher verschlingen, die wir das Jahr über zur Seite legen, bis wir endlich Zeit dafür finden, hier in La Palma nämlich. Auch die anderen Tiere sind da. Das Ringeltaubenpaar, das jedes Jahr in der höchsten Palme nistet. Die Eidechsen, die Fruchtjoghurt von den Füßen unserer Tochter schlecken. Der Gecko, der in der Küche hinter dem Stapel Suppenteller lebt.

Wir machen nicht viel in La Palma, weil wir die Insel längst kennen. Wir sind zigmal im Süden über den glühheißen Boden der jungen Lavafelder gestapft. Wir kennen jede Gasse in den adretten Städtchen Santa Cruz und Los Llanos. Wir sind schon oft durch die Lorbeerwälder von Los Tilos gestreift oder in der Caldera geklettert. Manchmal haben wir Lust, eine solche Tour zu wiederholen. Meistens aber bleiben wir bei Katze Lira, die uns immer neue Arten zeigt, wie man sich entspannt in der Sonne dehnen kann. Wenn uns zu warm wird, stehen wir auf und springen in das Schwimmbecken, das nach und nach ein wenig algengrüner wird. Oder wir klettern den Pfad in die Bucht mit den Basaltsäulen und dem tiefschwarzen Sand hinunter. Oder wir sitzen mit einem Glas Wein auf der Klippe vor dem Haus und schauen zu, wie riesige Wolkenkaravellen von Westen heransegeln. Vor uns liegt der Atlantik. Nichts als Wasser bis zu den karibischen Inseln. Abends lässt sich die Sonne in das Rotgold des Horizonts fallen. Dann hat Venus ihren Auftritt und rollt die Milchstraße über uns aus.

Morgen ist auch noch ein Tag. Irgendwer hat mal geschrieben, dass La Palma zu den drei schönsten Inseln der Welt gehört. Wir haben nie herausgefunden, welche die anderen beiden sagenhaften Eilande sein könnten. Ist auch nicht wirklich wichtig.